中国文化丛书

经典随行

蒋维乔 著

中国近三百年哲学史

中华书局

图书在版编目（CIP）数据

中国近三百年哲学史/蒋维乔著. —北京：中华书局,2015.6
（中国文化丛书·经典随行）
ISBN 978-7-101-10924-5

Ⅰ.中… Ⅱ.蒋… Ⅲ.①哲学史-中国-清代②哲学史-中国-近代 Ⅳ.①B249②B25

中国版本图书馆 CIP 数据核字（2015）第 083457 号

书　　名	中国近三百年哲学史
著　　者	蒋维乔
丛 书 名	中国文化丛书·经典随行
责任编辑	聂丽娟
出版发行	中华书局
	（北京市丰台区太平桥西里 38 号　100073）
	http://www.zhbc.com.cn
	E-mail:zhbc@zhbc.com.cn
印　　刷	北京天来印务有限公司
版　　次	2015 年 6 月北京第 1 版
	2015 年 6 月北京第 1 次印刷
规　　格	开本/880×1230 毫米　1/32
	印张 4⅝　字数 100 千字
印　　数	1-5000 册
国际书号	ISBN 978-7-101-10924-5
定　　价	22.00 元

经典随行 书礼传家

——"中国文化丛书"出版说明

"中国文化丛书"包括两套书系:"经典随行"和"书礼传家"。

我们所谓的"经典",是指经久不衰的典范之作,它们历经岁月的淘洗仍然具有旺盛的生命力。中国文化,源远流长,广播四海,经典累代不乏。晚近以来,中国处于"三千年未有之大变局"时代,西方学术和思想大量涌入,中国传统文化遭受巨大冲击,国人或主动或被动地卷入这样一股变迁的时代洪流中,摸索前行。社会巨变之际往往精英辈出,中西文化的激荡,产生了一大批大师级的学者,留下了丰厚的文化遗产。

"经典随行"书系选取近一百年来有关中国文化的经典著作,内容涉及文学、史学、哲学、思想、宗教、文化、艺术诸领域,如鲁迅《中国小说史略》、蒋维乔《中国佛教史》、许地山《道教史》、蔡元培《中国伦理学史》、陈师曾《中国绘画史》、柳诒徵《中国文化史》等,都是具有典范性的经典力作。

在推出这些学术文化经典的同时,我们希望以一种更加新颖的方式使读者接受传统文化的熏陶,于是我们策划了"书礼传家"书系。中国自古崇文重教,"十户之村,不废诵读","书礼传家"是许多中国人悬挂于门楣的精神坐标。"书礼传家"书系引进立体阅读的概念,以"实物仿真件+文本解读"的方式,来丰富读者的阅读体验。精心选择中国传统文化中与普通民众生活密切相关的文书,从一件件具体的实物说开去,以小见大,生动有趣,从微观角度反映传统社会千姿百态的生活方式,将"科举"、"婚约与休书"、"花笺与信物"、"奏折"、"当票"、"地契"、"状子"等反映中国古代科举制度、婚姻制度、爱情观念、古代官制、典当制度、土地制度、司法制度等一系列传统社会制度的内容纳入进来。翻开这套书,就如同走进了一座"流动的文化博物馆"。

"中国文化丛书"致力于介绍阐述中国传统文化的"著述",而不是中国文化"元典"本身;面对的读者对象是普通大众,以推介中国文化常识为基本立足点,过于艰深的学术探讨不在选择之列;在表述上力求深入浅出、简明准确。

"大家的文笔,大众的视角",是我们对"中国文化丛书"的基本定位,愿这套丛书能够为人们搭建一座接近经典、了解历史与文化的桥梁。

中华书局编辑部

二〇一三年十二月

目　录

第一编　复演古来学术之时期

例　言

　　一、本书叙述清初以至现代哲学思想之变迁,故名中国近三百年哲学史。

　　一、本书著者在光华大学教授中国哲学史时,随讲随编而成。

　　一、本书取材极近,如梁启超、王国维之哲学思想,亦皆采入。

　　一、本书画分两大时期:一复演古来学术之时期;一吸收外来思想之时期;每时期又详列各派各家之学说。

　　一、本书成当仓卒,或不免有谬误之处;读者若加以指正,极所欢迎。

总　论

　　自清康熙初年（纪元一六六二）以迄于今三百年中间,学术思想之剧变,不亚于周秦诸子之时。明代中叶,阳明学派,风靡一世,及其末流,则徒骋游说,毫无实际;遂启反动之机。明清之交,遗民顾炎武、黄宗羲等,提倡经世致用之实学,开有清一代之学风;顾氏尤为考证学之鼻祖。清代之考证学,推倒宋明之性理学而代兴,可以表现时代之特征。然于哲学上,则供献殊鲜。至于现代西洋思想,渐渐输入,而哲学思想,将来必放一异彩,可断言也。

　　综观近三百年之学术思想,可分两大时期:一为复演古来学术;二为吸收外来思想。当宋明理学衰颓之时,有考证学派出,排斥宋学之空疏,自唐溯汉,提倡许郑之朴学。无论治经治史,以及诸子,皆重训诂,凭实证,用科学的精神,整理古籍,是即考证学之特长。清代自康雍以至乾隆时,考证学发展至极点,特尊之曰汉学,以示别于宋学。实则复演前代之学术,自宋以倒溯至东汉也。至乾嘉以后,考证之途已穷,学者无可致力。且域外交通大开,中外思想接触,觉我国所以贫弱,外国所以富强,必有重大之原因在。才智之士,对于政体与社会根本组织,均起怀疑;而以清廷禁网尚严,不敢公然反对,乃为文艺复兴之运动;即道咸以后所产生之公羊学派是也。此派庄存与、刘申受倡之于前,龚自珍、魏源继之于后,而大振于康有为。实则推倒考证家东汉之古文学,而复演西汉之今文学也。至于今日,则学者对于周秦诸子之研究,极盛一时;凡关于诸子之整理解释,以及阐发其哲学思想之著作,日出不穷。此则由西汉而复演及于周秦也。且自殷墟龟甲文出土后,经罗振玉、王国维注释以来,考证学又一转而为考古学;发见古代社会,在殷朝尚是石器青铜器时代;而文字尚在创造之中。于是对于经典所称唐虞三代之文明,顿起怀疑。此考古学今日尚未大盛,发掘工作尚未完成,将来于学术上必有一番大改革,可无疑义。此则自周秦以复演至于殷代也。此复演古来之学术,层层倒溯而上,颇为奇观;经一次复演,必有一次之创获,使后之学者,得所依据,其功不可没也。此外有颜元之实用派,直标周孔以自别于程朱;彭绍升、罗有高从王学入手,而归宿于佛门;皆有特异之色彩者也。至于吸收外来思想,其发端远在明末,徐光启与西洋教士,翻译天算水利诸书,是为外学输入之第一期。清康熙帝时,用西洋人利玛窦、汤若望等,改正历算,编《历象考成》、《仪象考成》等书,是为外学输入之第二期。同治年间,曾国藩办江南制造局,翻译制造、测量、格致、兵书,是为外学输入之第三期。此一二三期中,所注意者,类皆偏重物质科学,于思想上并无影响。迨至近世,严复译出《天演论》、《群学肄言》等书,始于国人思想上,发生大影响。同时,王国维介绍康德、叔本华、尼采之学说。至近十余年中,外国哲学家如杜威、罗素,亲到中国讲演,中外思想之接触,日近一日,必有结合之时期。证以我国历史之先例,如佛教在汉末输入中国,经过魏晋南北朝至唐代,而国人方能尽量吸收,自创天台、华严两宗;再至宋代,儒家方融合道佛为一炉,自成性理之学;凡千余年,而始将外来思想融合消化,以成为学派;则此后吸收西洋思想自成中国哲学,其为期固不在近也。

由上所说:则近三百年之哲学思想,固可分为两大时期,前期又可分为理学派,考证学派,公羊学派;后期则为介绍西洋思想派,今依次述之。

第一编　复演古来学术之时期

　　明末王学狂恣之流弊，学者虽厌恶之，然尚未有公然反对者，虽顾炎武为考证学之祖，亦不过提倡程朱以斥陆王而已。黄宗羲亦从王学入手，而创经世致用之学。至乾嘉间惠栋、戴震出世，考证学大成，方公然推倒宋学，揭橥汉学。可知在清初时理学派尚非全无势力也。理学派中，又可分为程朱学派、陆王学派、朱王折衷学派。

第一章　程朱学派

第一节　顾炎武

一　略传及著书

顾炎武,字宁人,号亭林,昆山花浦村人。生于明神宗万历四十一年(纪元一六一三),殁于清康熙二十一年(纪元一六八二),年七十岁。性耿介绝俗,状貌英秀,事继母王氏甚孝。明亡时,清师下江南,炎武纠合同志,举义兵,不成,昆山城破。母年六十,谓炎武曰:"我虽妇人,然义不可屈";不食而卒。临终,以世食明禄,勿仕二姓,诫炎武。炎武奉遗教,终生不渝。周游天下,所至考其山川风俗,古今治乱之迹,自金石碑碣,以及地理经济之学,无所不通。出游时,后车满载书籍,作实地之参考。见闻既广,卓然自成一家,当代咸目为通儒。

康熙十六年,始卜居陕之华阴。诸生有请讲学者,谢之曰:"近日李二曲,亦以聚徒讲学得名,遂招逼迫,几至凶死;虽威武不屈,然名之累则已甚;况东林之覆辙,由此而进者耶。"康熙十七年,诏征博学鸿儒,诸公卿争欲罗致之。炎武乃豫使门人之在京者,辞之曰:"刀绳具在,勿速我死。"炎武既负用世之才,未得一试;于是在雁门之北,五台山东,及长白山下,垦田牧畜,以实行其经济政策;垦熟之田,恒交其弟子管理之,故其财用常饶足云。

著书有《日知录》三十二卷;《补遗》四卷;《天下郡国利病书》百二十卷;《肇域记》一百卷;《音学五书》三十八卷;《五经异同》三卷;《左传杜解补正》三卷;《九经误字》一卷;《石经考》一卷;《金石文字记》六卷;《经世编》十二卷;《下学指南》六卷;《文集》六卷;《诗集》五卷;《历代帝王宅京记》十卷;《昌平山水记》二卷。此外小品著述尚多,大都收入《亭林遗书》。

二　学说

炎武博学多闻,考证精详,长于经济。抱用世之志,最忌空谈。有鉴于晚明王学,类于狂禅,故专奉着实周到之朱学,排斥陆王。尝曰:"古今安得别有所谓理学,经学,即理学也。自有舍经学以言理学者,而邪说以兴。"(全祖望《亭林先生神道碑》)此经学即理学之言,正是推翻宋明理学,而直进于六经根柢之标语。唐鉴有云:"亭林之学,主明体达用,经世济人。以卓荦不群之才,抱俯仰无穷之志,足迹半天下,所交皆贤豪有道之士,而卒著书以老,使人追慕于简策之间而不能置。夫先生之为通儒,人人能言之;而不知先生之所以通,不在外而在内,不在制度典礼而在学问思辨也。是以平心察理,事事求实,凡所论述,权度惟精,往往折衷于朱子。"(《国朝学案小识》)观此,可知炎武之学养,虽不如宋明诸儒,专力于理气心性,然实阐明道之体用,究极于经世之术。其所著《日知录》,最足表显其学风;其求学之精神,为后来考证学之基础;故炎武可谓之程朱派之考证学者。

理气心性之学,自宋迄明,可谓登峰造极。阐发已无余蕴;清代儒者,苦无研究之余地。于是一转其方向,注意及考证学。故哲学思想,可以论述者,虽大家如炎武,亦不免有寂寥之感。然其实践方面,则各有一说。今举其为学之要旨如下:

> 曰博学于文,行己有耻;自一身以至天下国家,皆学之事;自子臣弟友以至出入、往来、辞受、取与之间,皆有耻之事。不耻恶衣恶食,而耻匹夫匹妇不被其泽。故曰:万物皆备于我,反身而诚。(《下学指南》)

此语虽甚简易,然为学经世之纲领,不出乎此。炎武不幸处明清革命之际,不得实施其抱负。然观其言行,真王佐之才也。其与友人论学一书,颇足见其主义之所在。今撮其要点如下:

> 《大学》言心不言性,《中庸》言性不言心。来教单提心字,而未竟其说,未敢漫然许可,以堕于谢上蔡、张横渠、

陆象山三家之学。窃以为圣人之道，下学上达之方；其行在孝弟忠信；其职在洒扫应对进退；其文在《诗》、《书》、三《礼》、《周易》、《春秋》；其用之于身，在出处、辞受、取与；其施之于天下，在政令、教化、刑法；其所著之书，皆以拨乱反正移风易俗，以驯至乎治平之用；而无益者，一切不谈。（《与友人书》）

观此：则炎武之践履笃实，根本上极似程朱；而其专求实际，不落空谈，则又在程朱以外，自成一种朴学。无怪后来之考证学，推炎武为初祖也。

第二节　陆世仪

一　略传及著书

陆世仪，字道威，号桴亭，江苏太仓人。生于明万历三十九年（纪元一六一一）。长于陆陇其十九岁，与顾炎武、黄宗羲等相先后。当刘宗周在"蕺山书院"讲学时，世仪欲往听讲，未果，一生常引为遗恨。是时流贼横行天下，彼见生民之涂炭，上书朝廷，谓宜破成格"举用文武干略之士"，不报。退而凿地十亩，筑亭其中，高卧闭门谢客，因号称桴亭。明亡后，曾在东林讲学；已而复讲学于毗陵。及归太仓，亦讲学不辍。清朝屡欲起用之，固辞不出。专修"程朱学"，终身从事著述，与陆陇其及张杨园等齐名，海内仰为真儒。康熙十一年，六十二岁卒（纪元一六七二）。

著有《思辨录》二十二卷,《后集》十三卷,此书前后经十二年之研究而成,故其思想尽在于中。此外有《论学酬答》四卷,《儒宗理要》六十卷,《性善图说》一卷,据其《传》,则未刊者尚有数种。《四库全书提要》评之曰,"世仪之学,以敦守礼法为主,不虚谈诚敬之旨;以施行实政为主,不空为心性之功;于近世讲学诸家,最为笃实,其言皆深切著明",盖确评也。

二 学说

陆氏为学之特色,是能体得程朱着实之旨,不作虚空之谈。尝谓:"天下无讲学之人,此世道之衰也;天下皆讲学之人,亦世道之衰也";又曰:"今之所当学者,正不止六艺;天文、地理、河渠、兵法之类,皆切世用,不可不讲。俗儒不知内圣外王之学,徒高谈性命,无补于世;迂拙之诮,所以来也。"(《思辨录辑要》卷一)彼讥贬俗儒空迂之外,又举为学五弊曰:"谈经书而流于传注者;尚经济而趋于权谲者;务古学而为奇博无实者;看史学而入于泛滥者;攻文辞而溺于词藻者;是皆不知大道之故也。不知大道,则胸无主宰,心绪常差错,而不得步于正道。"(《思辨录辑要》卷一)至于何者为大道? 则是周公孔子之道,亦即天地自然之道,学者即学此道也。一部《中庸》,只说一个道字;一部《大学》,只说一个学字;原于天者谓之"道",修于人者谓之"学",贯天人而一之者,谓之"道学"。是故"道生天地,天地生人;无此道,则天地且不成天地,人又何能念及之! 故宏道之君子,不可不竭力从事于道与学。此道在天地之间,本不可见,学道之人,则能见之。'鸢飞戾天,鱼跃于渊',谓其能深察上下,遍满空中,无不是道"(《思辨录辑要》卷一)。意谓人物之生,本自天人合一而来,能参赞天地之化育,全受全归者,则为圣人。穷其道欲近于圣人者,则为学道之人。其解学道如是;桴亭之道,是儒家之正脉也。至谓圣人是禀天地之正气以生,此是继承程朱之性说。

要之陆氏以为道外无学,道学外无圣人,而圣人即为天地合一者,道之具象化者。故立志读圣贤之书,即为学者;立志行圣贤之事,即为学问。彼以《大学》、《中庸》为学者入门之书,道学之所寄托者。学之基础,当植于是。而其中居敬,格致,诚,正,修,齐,治,平,即为为学之过程,为国家造就有用之人才,即出于此。其注重实学之一点,所以在清代程朱学派中,为出人头地之学者也。且其言曰:

> 近世之讲学,多似晋人之清谈,清谈甚有害于事。孔门无不就一语之实处教人。孔子曰:"君子欲讷于言,而敏于行";又曰:"敏于事而慎于言";又曰:"君子先行其言,而后从之";又曰:"君子耻其言而过其行";俱是恐人之言过其实也。正(正德,武宗年号)嘉(嘉靖,世宗年号)之间,道学盛行;至隆(隆庆,穆宗年号)万(万历,神宗年号)而益盛,一日而天下靡然从风,惟以口舌相尚,意思索然尽矣。(《思辨录辑要》卷一)

陆氏于道学之根本论,则始终主张"居敬穷理"四字。以为是学圣人之第一工夫,"彻上彻下,彻首彻尾,只此四字"。又谓"居敬是主宰处,穷理是进步处,程子亦曰:涵养须用敬,进学则在于致知"(《思辨录辑要》卷二）。此点与程朱殆无出入。

陆氏为学，虽无创说，然以"道生天地，天地生人，人配天地，故能尽道"四句，为周子《太极图说》之旨义；其《理气妙合论》，则又打破罗整庵之"道一元说"，究明理气之属性；皆堪注目。盖彼先从太极入手，以太极二字，原本《系辞》，不过祖述孔子之旧；至于主静以立人极之见解，则为周子所独创；《太极图说》全篇之主意，当在此一点。故读此书，但论太极，不察人极，则周子之意旨，当全失却。故云："不知太极，则无天地；不知人极，则无人；此之谓不诚无物。"（《思辨录辑要后集》卷四）其合太极人极为一，而谓二者不可相离，与《中庸》"道也者不可须臾离也，可离非道也"之言，同其旨。离了天道则无人道，离了人道则无天道。盖用浑然一体之理，以观察《太极图说》，而为此说者也。在此点盖受刘念台之"人极图说"及"动静说"有几分之影响。而以主静二字，立人极之本；以中正仁义，为主静之实落处；凡此总称为圣人之尽性工夫。

> 中正仁义而主静者，周子立言，甚周匝也。然主静下，又自注曰无欲故静；无欲，无人欲也；无人欲，则纯乎天理矣。是周子以天理为静，以人欲为动；主静者，主乎天理也；主乎天理，则静固静，动亦静矣，岂有偏静之弊哉！
> （《思辨录辑要后集》卷四）

此中正仁义，即是圣人之道；中正仁义之外，别无所谓主静。离中正仁义而言主静，则非主静。与五行之外，别无阴阳；五行即阴阳，阴阳即太极之理相同。

彼于理气说中，又认理气二者，为不可分。此说先儒皆未论及；只有朱子说过"必先有是理，而后有是气；既有是气，则是理也"。又论万物之一原，则谓"理同而气异"；论万物之异体，则谓"气犹相似理绝不同"；此四语实具卓识。凡论理气之学者，皆当引为标的。故云："学者宜取此四言参伍错综，寻求玩味，胸中贯串通彻，务使无一毫疑惑而后可。如是则于天地万物性命之理，当自能了然而无间。"又对于罗整庵"周子无极之真，二五之精，妙合而凝"三语，以为"凡物必两而后可合，太极阴阳，果为二物，则方其未合之先，各安在耶"之疑问，论述之如次：

> 整庵言理气，亦固陋也；夫气即是理；以为气中则有理而非气，是即理也；既非气则是理，则安得不为二物？
> （《思辨录辑要后集》卷一）

又曰：

> 整庵以为气集便是集之理之谓；气散便是散之理之谓；惟其有集有散，是乃所谓理也。是则就集散上观理，而不知所以为集散之理也。宜其于程朱之言，多有所未合。
> （《思辨录辑要后集》卷一）

彼认整庵之理气，堕于形器之中，而未能体得浑然融合（理气之一元）体现天地之妙用之理。盖周子哲学，决非二元论；整庵不达此旨，宜乎怀疑不决也。

其次是彼之性说,以为性即是气质;本然之性,不可称为性。后来儒者,率以孟子之性善说为本,以为本然之性,浑然至善,纯粹未发,此言决不得当。所谓性者,不是此种本然之性;孟子之性善,亦不是此种意思;孟子是就天命上说,是说命善,不是说性善。天命之初,吾人尚未落于气质,故此说可以成立。厥后朱子欲发见至善之根据,亦言性善;但朱子于"继之者善也,成之者性也"之分别,初不甚了。又伊川、朱子论性时,皆曾分性为本然、气质二者,而以为前者即孟子之性善,后儒亦附和此说。然孟子之言性善,乃《中庸》"天命之谓性"之类。只就天命上说,未落于气质。然孟子又有"人无有不善"之言,是就人生以后看,即下愚浊恶,无有不性善者。盖孟子论善,只就四端发见处言,因其称端,即知有仁义礼智;人人有四端,即人人有性善也。此是说人人有为善之资质。有为善之可能性耳;决不必说到人性浑然至善,未尝有恶,然后谓之性善,以释氏所谓真性者当之。要之性字,必落于后天之气质,而始有性可称。如周子之说为最妥。其言云:

> 惟人也得其秀而最灵,形既生矣,神发知矣;曰:形生质也;神发气也;形生神发,而五性具足。是有气质而后有性也。不落气质,不可谓之性;一言性便有气质。(《思辨录辑要后集》卷四)

此论颇有根据,就《易》一阴一阳章而区别之,则自来所传孟子之性善说乃就天命之初"继之者善"之处立论,未尝说到"成之者性"。而陆氏则谓在"成之者性"以前,不得著性字;

既说"成之者性"，便属气质矣。

彼又赞周子曰：

> 诸儒中论性，莫如周子最明白，最纯备，《通书》首章曰：诚者，圣人之本，大哉乾元，万物资始，诚之源也。乾道变化，各正性命，诚斯立焉；纯粹至善者也。故曰：一阴一阳之谓道，继之者善也，成之者性也；元亨诚之通，利贞诚之复，大哉《易》也，性命之源乎！只就元亨利贞上，看出继善成性处，不过一诚字，则实理也，能全此实理者惟圣人；故曰诚者圣人之本。(《思辨录辑要后集》卷四)

陆氏以为惟气质方可称为性；若善恶之分歧点，则在于诚德之成就如何而见之。故又说惟周子"性者刚柔善恶中而已矣"一句中之"而已矣"三字，最为竭尽无余之辞。从来论性之人，无有比此语更简而得要者。而后来儒者罕称之，盖皆以此言为专论气质，而不知气质之外，初无所谓性也。程张朱诸子之论性，千言万语，其实不能及此。陆氏如此断定，用气质一元论，充足周子之说；又用作自己之性说。彼固理气一元论者，于性说以一元始之，可谓彻底之学说。

第三节　陆陇其

一　略传及著书

陆陇其，字稼书，浙江平湖人，生于明崇祯三年（纪元一六三〇）。唐名相陆贽之后也。康熙九年，进士及第，年四十一，授江苏嘉定县令，专以德化人，治行称天下第一。后为直隶灵寿县令，与诸生讲论，著《松阳讲义》十二卷。为说百八十章，随时举示，非逐节讲解。时黄宗羲之学，盛行于西方；陇其不以为然，再三致意此编，以启导后学。在任八年，民风士习，皆大改善。后征入京，补四川道监察御史；在职一年，知无不言；以争纳捐事，触政府忌，引疾归。未几，致仕，屏居于华亭之泖口，大振风教，益以明道觉世为己任。偶犯病，遂不起，年六十三（康熙三十一年）（纪元一六九二）。圣祖深悼惜之，曰："本朝如此之人，更不多得。"陆氏资性笃厚，有古人风，言清行超，人格高尚，故到处能改进风教。乾隆二年，赐谥清献。时人称为"当湖先生"。"三鱼堂"，即其书斋名。著有《三鱼堂集》十二卷，《外集》六卷，《賸言》十二卷，以上收于全集中。此外《松阳讲义》十二卷，《四书讲义困勉录正续》三十七卷，《问学录》四卷，《读朱随笔》四卷，《读礼志疑》六卷，均为重要之作。

二　学说

清初之诸名家，卒皆指摘"王学"末流之弊，以图刷新。然于程朱陆王，则又取兼摄主义。至稼书方粹然宗朱子弃余家，以明圣学根原振兴教化为事。其《学术辨》三篇，是为破阳明明程朱之道而作。谓世之儒者无操守，信源流不清之"王学"，以为与圣教大同小异。此种现象，若放任之，将真伪杂糅；圣教且不能维持。抑学问中本有"立教之弊"及"末学之弊"二种：源清流浊，末学之弊也；源浊流又浊者，立教之弊也。学程朱而滞于偏执，是末学之弊；若夫阳明之教，则其源已浊，徒咎末辈，复有何益？于是一转而辟王学之内容；盖阳明以禅之实而托于儒，其流害固不可胜言矣。吾人止一究其与禅相表里之处，则其心性之辨，一切自明。夫人之生也，气集成形；气之精英，集而成心；所以心是神明不测，变化无方；而具于是气之中之理，即性也。故程子曰："性者即理也"；邵子曰："心者，性之郭郭也"；朱子曰："灵所是心不是性"；是皆说心也者，性之所寓而非性也。性也者，寓于心而非即心也。但禅家则不然，以知觉为性，而以知觉之发动者为心。故彼所谓性，即吾儒之心；彼所谓心，即吾儒之意志。是故灭彝伦离仁义，诡怪张皇，自放于准绳之外，而不知此即是性，而误解之为心。以为知觉所生一切人伦庶物之理，皆因"我"为障累而然。至欲取此一切，尽举而弃之。而阳明毫不加察，采其学说，谓性无善无恶，盖指知觉为性而言；而言良知，言天理，言至善，莫非指性而言。阳明之言曰："释氏本来面目，即吾人所谓良知"；又云："良知又即是天理"；又云："无善无恶，乃所谓至善"；其为说纵横变幻，不可究诘，而其大旨亦可睹矣。充其说则人伦庶物，于我何有，特以束缚于圣人之教，不敢肆然决裂也。彼又为之说云："良知苟存，自能酬酢万变，非若禅家之遗弃事物也。其为说则然。然学者苟无格物穷理之功，而欲持此心之知觉以自试于万变，其所见为是者果是，而所见为非者果非乎？又况其心，本以为人伦庶物，初无与于我，不得已而应之；以不得已而应之心，而处夫未尝穷究之事，其不至于颠倒错谬者几希。其倡之者，虽不敢自居于禅，阴合而阳离；其继起者，则直以禅自任，不复有所忌惮；此阳明之学，所以为祸于天下也。"（全集卷二《学术辨中》）

陆氏既推倒阳明,于是尽力研究程朱学而拥护之,且宣传程朱。以为此二人,是维持风教之伟人,确为圣门正学。朱子之穷理主敬,即孔子之多学而下问,故学问之要,必穷理与主敬,二面兼施;穷理而能居敬,方不流于玩物丧志;居敬而能穷理,方不堕于猖狂恣睢。是则程朱之问学工夫,要为最妥当者也。

陆氏于学理方面,更有太极理气二论,虽本于周朱二子之《太极图说》;但其精密处,更有可观。

> 夫太极者,万物之总名也。在天则为命,在人则为性;在天则为元亨利贞,在人则为仁义礼智;以其有条而不紊,则谓之理;以其为人所共由,则谓之道;以其不偏不倚,无过不及,则谓之中;以其真实无妄,则谓之诚;以其纯粹而精,则谓之至善;以其至极而无以加,则谓之太极;名异而实同也。学者诚有志乎太极,惟于日用之间,时时存养,时时省察,不使一念之越乎理,不使一事之悖乎理,不使一言一动之逾乎理,斯太极存焉矣。(全集卷一《太极论》)

"太极说"自周子,至于朱子,已臻精密;陆氏更取此理由具体的说明之,其中虽多创见,然在太极思想之发展上,可供参考。至其理气说:则谓"明万殊之理气不难,而明一本之理气则难;一本之在人心易见,一本之在天地难知"。又以朱子之"理不离气,气不离理",为"其分合不可疑也";且谓"须先说有此理,则其先后无可疑;惟有此理,则理必有所会归,有此气,则气必有所统摄,天下未有无本而能变化无方者,未有无本而能流行不竭者;而理气之本,果安在耶? 今夫盈于吾身之内者,皆气也；而运于其气之内者，理也"。(全集卷一《理气论》)其意谓理气之根源是一本，而其本则在于心；"心者，气之精英所集，而万理之原也"。故谓造物之理气，为散漫无所主宰，即是妄言；主宰之所在，即一本之所在。若夫为主宰者，则无思虑，无营为，能使百物自生，四时自序。理与气要为不可分，一而二，二而一，不离又不杂。朱子所谓"无无气之理，无无理之气"之言，最为的当。此即陆氏所主张。

　　陆氏为人为学，皆真实而稳健。其所言皆得程朱之粹；且充足朱说，以辟异归正，为自己之天职，终身不渝。守护一贯之程朱学施用于实地，且收极大之效果。

第二章 陆王学派

第一节 黄宗羲

一 略传及著书

长于顾炎武者四年,且后死于顾炎武者十四年,树立清初一大学统之人,即是黄宗羲。其学派不如顾炎武之扩大,然其所著《明儒学案》,当为"中国学术史"最初之作,其史学造诣之深,当与王船山相伯仲。其《易学象数论》六卷,与胡渭之《易图明辨》,互有发明,辨河洛方位图之非,颇多创说。而其《律吕新义》二卷,特开乐律研究之端绪。天算学为梅文鼎天算学之先导。其明敏之头脑,不逊于顾子。

宗羲字太冲,梨州及南雷,皆其号,越之余姚人,生于明神宗万历三十七年(纪元一六〇九)。父忠端公尊素,乃明室忠臣，为宦者魏忠贤所害，死于狱。梨州怀铁椎，欲报父仇，值逆阉已死，因手刺杀其父之狱卒，上书请诛逆臣，其气概凛烈如此。父遗命就学于刘蕺山，因奋起以扫越中之野狐学为能事。又体父"学者不可不通晓史事"之遗训，从有明《十三朝实录》起，上至《二十一史》，无所不研，更欲攻究九流百家之蕴奥，发家中藏书遍读之；不足，则出外游历，以补其缺，其博学勉励又如此。二弟宗炎、宗会亦有才学，彼教之使同成名。国亡时纠合志士御清兵，出入危难，九死一生。后奉母归里门，专心著述，教授子弟。康熙十七年，诏征为博学鸿儒，以年老固辞不出。圣祖乃命巡抚抄其所著关于史事者，送至京师，而召其养子百家，高弟万斯同使参订之。八十三岁，尚读书不废，常至午夜。康熙三十四年，以八十六岁之高龄殁。所著如上记诸书外，尚有《明儒学案》六十卷，全氏补足《宋元学案》百卷，《南雷集》二十卷，《文定》、《文约》合四十卷，《明文海》四百八十二卷，《明史案》二百四十四卷，及其他数十种。

二　学说

宗羲是刘念台之高弟，念台以慎独二字为学的，梨洲亦修慎独之阳明学者。但其该博之知识，固不以"阳明学"自封。所著《明儒学案》一书，虽有人谓彼为护"阳明学"而作；但其史笔，决不偏于一方，长其所长，短其所短，客观态度，溢于全书。惟不慊于晚明"阳明学者"之流于口头禅，尤于越中周海门以后，学弊之深，多所不满，欲一洗此风，而复于阳明当年。故曰："明人讲学，语录之糟粕耳；不以六经为根柢，束书不读，而从事于游谈。学者当先穷经,然拘执经术,不足以经世,欲免为迂儒,必兼读史。"又曰 :"读书不多,则无以证理之变化,读书多而不求诸心,则又为俗学。"(《清史·黄宗羲传》)观其言,明明是不埋头于心即理说,而表示其兼取朱王之态度。故受其教者,不蹈讲学之流弊,亦不为障雾之妄言。万氏兄弟大史家,全氏祖望,质实之学者,皆出其门。其刚毅之风,足以破当时雷同附和于"心万殊说"之小儒。故曰 :

> 盈天地,皆心也 ; 变化不测,不能不万殊 ; 心无本体,工夫所至,即其本体。故穷理者,穷此心之万殊,非穷万物之万殊也。是以古之君子,宁凿五丁之间道,而不假邯郸之野马,故其途亦不得不殊。奈何今之君子,必欲出于一途,使美厥灵根者,化为焦芽绝港。夫先儒之语录,人人不同,只是印我之心体,变动不居 ; 若执定成局,终是受用不得。此无他,修德而后可讲学 ; 今讲学而不修德,又何怪其举一而废百乎!(《明儒学案序》)

此痛切之言,学者当正襟领受者。盖举万物之万殊,归于一心,以心理之阐明及修德之工夫为先,而以讲学为后。此言虽为陆王之言,然以心为万殊,而欲实现自己之心之处乃属于伦理上之自我实现说,不外发挥自己之人格及自己之个性也。

三 政治哲学

清初学者,人人不慊于明学之空疏,而以提倡经世致用为主旨。宗羲尤因精研史学,熟于古今治乱兴亡之事迹,议论尤有根柢。不落于抽象之说,而独标具体的实际的论旨,使人读之,感一种痛快之趣味。所著《明夷待访录》,正如今世所谓"政治哲学",以民利民福为主眼,以民本主义为政治之本质。其意君主本为人民而设,即上世之酋长;此酋长,而有蔑视民意,自图私利之行为,则非君主而为独夫;如此其君主之资格自当剥失,汤之放桀,武王之伐纣,其目的在为民,自是事理上当然之行动。盖以亿兆人之心为心,方可称为圣人,称为君主。是故伊古以来,因为君主之责任重大,而不欲自劳其身心者,有许由、务光;虽为君主,而让位于人者,有尧舜;初不欲为,而卒不得已而为之者,有大禹;可见三代以上之帝皇,皆不得已而为之。三代以后,则以天下为一姓之私产,视万民为己之臣妾,视土地为己之产业,立法之精神,全变为私法,绝无公法之内容。盖三代之时法尚存在,三代以后则法意全非矣。黄氏盖以孟子之王道,为政治本体;从社会学上之见地,应用史实,而与孟子王道以学理上之根据,树立其民本政治之哲学。彼以此理论为基础,而涉及一切之政治问题,如云以人民为主,则政治难行,当选举一人,依赖以行。此其见解,虽与现代民本主义,尚有消极积极之差,然于大体是以人民本位为主眼,与民主政治相似。近代初革命时,为鼓吹民本共和之精神起见,一般志士,曾密印此书数十万部,颁布全国,且大收其效果。(梁启超《清代学术概论》)《明夷待访录·原君》篇曰:

有生之初,人各自私也,人各自利也,天下有公利而莫或兴之,有公害而莫或除之。有人者出,不以一己之利为利，而使天下受其利；不以一己之害为害，而使天下释其害；此其人之勤劳，必千万于天下之人；夫以千万倍之勤劳，而己又不享其利，必非天下之人情所欲居也。故古之人君，量而不欲入者，许由、务光是也；入而又去之者，尧舜是也；初不欲入而不得去者，禹是也；岂古之人有所异哉！好逸恶劳，亦犹夫人之情也。后之为人君者不然，以为天下利害之权，皆出于我，我以天下之利，尽归于己，以天下之害，尽归于人，亦无不可。使天下之人，不敢自私，不敢自利，以我之大私，为天下之大公，始而惭焉，久则安焉，视天下为莫大之产业，传之子孙，享受无穷。汉高帝所谓某业所就，孰与仲多者，其逐利之情，不觉溢之于辞矣。此无他，古者以天下为主，君为客，凡君之所毕世而经营者，为天下也。今也不然，以君为主，天下为客，凡天下之无地而得安宁者，为君也。是以其未得之也，屠毒天下之肝脑，离散天下之子女，以博我一人之产业，曾不惨然！曰：我固为子孙创业也。其既得之也，敲剥天下之骨髓，离散天下之子女，以奉我一人之淫乐，视为当然，曰：此我产业之花息也。然则为天下之大害者，君而已矣。向使无君，人各得自私也，人各得自利也。呜呼！岂设君之道，固如是乎！古者天下之人，爱戴其君，比之如父，拟之如天，诚不为过也。今也天下之人，怨恶其君，视之如寇雠，名之为独夫，固其所也。而小儒规规焉以君臣之义，无所逃于天地之间，至桀纣之暴，犹谓汤武不当诛之；而妄传伯夷、叔齐无稽之事。使兆人万姓崩溃之血肉，曾不异夫腐鼠，岂天地之大，于兆人万姓之中，独私其一人一姓乎？是故武王圣人也，孟子之言，圣人之言也。后世之君，欲以如父如天之空名，禁人之窥伺者，皆不便于其言；至废孟子而不立，非导源于小儒乎？虽然，使后之为君者，果能保此产业，传之无穷，亦无怪乎其私之也；既以产业视之，人之欲得产业，谁不如我，密縅縢，固扃鐍，一人之智力，不能胜天下欲得之者之众，远者数世，近者及身，其血肉之崩溃，在其子孙矣！昔人愿世世无生帝王家，而毅宗之语公主亦曰：若何生我家？痛哉斯言！回思创业时，其欲得天下之心，有不废然摧沮者乎？是故明乎为君之职分，则唐虞之世，人人能让，许由、务光非绝尘也。不明乎为君之职分，则市井之间，人人可欲，许由、务光所以旷后世而不闻也。然君之职分难明，以俄顷淫乐，不易无穷之悲，虽愚者亦明之矣！

以上取三代圣王为君之动机，与后世为君之动机，对照比论，痛斥后世之为私利。更进而断言其制定法律无何等之权威如下：

> 三代以上有法，三代以下无法。何以言之？二帝三王，知天下之不可无养也，为之授田以耕之；知天下之不可无衣也，为之授地以桑麻之；知天下之不可无教也，为之学校以兴之；为之婚姻之礼，以防其淫；为之卒乘之赋，以防其乱；此三代以上之法也。固未尝为一己而立也。后之人主，既得天下，惟恐其祚命之不长也，子孙之不能保有也。思患于未然，以为之法。然则其所谓法者，一家之法，而非

天下之法也。……夫非法之法，前王不胜其利欲之私以创之，后王或不胜其利欲之私以坏之。坏之者，固足以害天下；其创之者，亦未始非害天下者也。乃必欲周旋于此胶彼漆之中，以博宪章之余名，此俗儒之剿说也。即论者谓天下之治乱，不系于法之存亡。夫古今之变，至秦而一尽，至元而又一尽，经此二尽之后，古圣王之所恻隐爱人而经营者，荡然无具。苟非为之远思深览，一一通变，以复井田、封建、学校、卒乘之旧，虽小小更革，生民之戚戚，终无已时也。即论者谓有治人无治法，吾以为有治法而后有治人。（下略）（《原法》篇）

彼之政治理想，全在三代之民本精神，故以孟子之王道为根据，专以民利为主眼，而树立其政策。

四　结论

宗羲大才，于经学、史学、天算、乐律，无所不通。为国仇亲恨，屡罹危险，又是极富情感之人。国亡后，养母教弟，亦孝友可风。且亡国之痛，终身不忘，以所著《明夷待访录》，传其心事。此书晚清时，忽与"公羊学派"诸子之思想，无端相合。引起"革命"、"排满"之大风潮，虽曰时运使然，宗羲一人正气之感召，关系实重大也。

第三章　朱王折衷派

第一节　孙夏峰

一　略传及著书

凡是两学派互相对立,必有第三之折衷派,出而调和之。清初宋明理学,既已衰颓,王学末流,尤为学者所弃。顾炎武以笃实之程朱学,矫正王学;黄宗羲则提倡真正之王学,排斥末流之狂禅。然顾黄二人,虽于理学有渊源,实不以理学名,而为清代朴学开宗之巨儒。若夫专以理学著称者,程朱派有二陆,王学则无其人,折衷于朱王二派者,前有孙奇逢、李颙,后有曾国藩。诸人皆有气节,人格为一世仪表,天下士风,为之敦厚,称为命世大儒,亦不为过。著作虽缺少新说,然句句精纯,俱是人格之表现。

孙奇逢,字启泰,号夏峰,又号钟元,直隶容城人。生于明神宗万历十二年(纪元一五八四),殁于清圣祖康熙十四年(纪元一六七五),年九十二岁。其一生活动,属于明朝之时多;故黄宗羲收之于《明儒学案》中。但其教化,则多传于清初学子,故普通又多叙于《清史》中。

奇逢事父母至孝,有气节。崇祯九年,流贼围容城,自示方略,与士民协力,卒将贼击退。清圣祖闻其贤名,屡征之,不应,天下称为孙徵君。后移家于卫之共城;辟兼山堂,讲《易》其间;率子孙躬耕,箪瓢屡空,晏然自若。晚年,讲学于夏峰,学者宗之。尝言曰:"七十岁的工夫,较六十岁密;八十岁的工夫,较七十岁密;九十岁的工夫,较八十岁密"云;可见其涵养之深,与体道之精也。著有《理学宗传》二十六卷,《四书近指》二十卷,《理学传心纂要》八卷,《读易大旨》五卷,《夏峰先生集》六十卷。其中《宗传》一书,是汉代以来,哲学家之学案,为彼最用心之著作,但材料之充实,究不如黄宗羲。

二　学说

奇逢之特长,在兼取诸家而不偏于一派之学。《理学宗传》一书,即是本此意旨而作。书中自汉朝董仲舒起,至明末止,所有学者之传记,都搜辑之。宋代举周、邵、二程、朱、陆六家,明代则举敬轩、阳明、念庵、宪成四家为正宗;如慈湖、龙溪出入老佛,则附之于后,以明儒家正统。然别无门户偏见,故其门人汤潜庵说:"先生真能见道之大原,无建安,无青田,惟以庸德庸言,直证天命原初之体,可谓千圣同堂,与造化游者也。"（《微君孙钟元墓志铭》）至其学问之要，则在于体认天理。尝曰："圣贤为天地而立心，为生民而立命，其心及今，尚为存在。"且解其理曰："人者，天地之心也；人失其为人，天地何以清宁。故为天地立心，生民立命者，圣贤之事也。明王不作，圣人已远，尧舜孔子之心，至今在此；非人也，天也。"（《语录》）意谓天地之心，虽即人心，然为人之师表，立心命之义者，乃为圣人之事，此与"我心即圣贤之心"之说，似稍不同；而于程朱"圣人体仁以为天下之仪表，故当以圣贤遗意为标的，穷理以进"之意，则颇相似。奇逢之意，盖介于朱陆二子之间，试其调和折衷者也。彼谓"浑沌之初，一气而已，其主宰处为理，其运旋处为气。指而为二，不可也；浑而为一，亦不可也"。又谓"成缺在事不在心，荣辱在心不在事"。俱是折衷之意，欲合"实在论"、"唯心论"二者为一。世惟折衷者少创造，其功盖全在于传道也。

第二节　李颙

一　略传及著书

李颙，字中孚，号二曲，西安盩厔人。生明天启七年（一六二七），卒清康熙四十四年（一七〇五），其父可从，慷慨有志略，善谈兵，且以勇力著于乡。从汪乔年军讨贼，崇祯十五年，与五千壮士，共战死于襄阳城下，以殉国难。其时颙年仅十五岁也。（《李二曲全集》卷二十五《家乘》）家贫不能入塾，有人劝其母，送入县署为衙役，母不肯，教之习字，然具天禀异材，稍长,学即大进,家无藏书,借于亲友,自经史子集以及老佛之书,无不遍读。既而弃去,从事静坐观心,大有所得。顾炎武谓坚苦力学,无师而成,吾不如李中孚,盖的评也。康熙四年,遭母丧。丧终,往襄阳凭吊乃父战死之地。既而南下,入道南书院,发顾宪成、高攀龙诸子之遗书,为东林学徒讲学,听者云集。继又于无锡、江阴、靖江、武进、宜兴等地讲学。康熙初,陕抚以"山林隐逸"上疏荐之。特诏征召,力辞而免。至十七年征"博学鸿儒",诸人交荐,地方官强迫起行,颙绝粒六日,最后拟拔刀自刎,其议始止。彼觉虚名为累,遂闭户不复接人。惟有顾炎武来访,曾一度款待外,虽子弟亦不见面。后圣祖西巡,使陕督传旨,必欲召见之;以废疾坚辞,幸而获免。特赐"关中大儒"四字以尊重之。

当时南有黄宗羲,北有孙奇逢,西有李颙,世称三大儒。颙为学极博,无所不通,而著述则非其所志。尝言曰:"著述一事,大抵古圣贤不得已而后作,非以立名也。故一言之出,炳若日星;万世之下,饮食之而不尽。其次虽有编纂,亦非必夸诩于时人,或只以自怡;或藏诸名山,至其德成之后而后发;或既死之日,举世思其余风,想其为人,或访诸其子孙,或求诸其门人,欲以得其平生一言为法训。此时也,是惟不出,一出即使洛阳纸贵。"(《全集》卷十六《与友人》)真是有道者之言。著有《全集》二十六卷(《四书反身录》八卷,亦收在内)及《十三经纠谬》、《二十一史纠谬》等;其中《反身录》,为彼精力集中之作。

二　学说

李氏思想，亦如奇逢，取陆王程朱之长，不偏于一面。但倾向则趋于陆王。唐鉴《清儒学案小识》中，虽曾谓《二曲》"笃守程朱"，然清初一般学者，率以陆王为根柢，而又赞美朱子之好学，似此两派折衷，故任从何方面解释，均可成立。且清代无论"考证派"、"理学派"俱不树党派，争出入，大都欲兼取他人之长，自己更立高处，想成一家。颙即其代表，尝因门人问"朱陆异同"？答曰："陆之教人，一洗支离锢蔽之陋，在儒教中最为儆切；使人言下爽畅醒豁，以自有所得。朱之教人也，循循有序，恪守洙泗家法，中正平实，极便初学。要之二先生，均于世教人心有大功，不可轻为低昂也。中于先入之言，抑彼取此，亦未可谓为善学也。"（《全集》卷四《靖江语要》）正是其不偏不倚，而又能自立之处。又曰："孔子以博文约礼之训，上接虞廷精一之传；千岁之下，渊源相承，确守不变。惟朱子为得其宗。生平自励励人，一以居敬穷理为主。穷理即孔门之博文，居敬即孔门之约礼，内外本末，一齐俱到，此正学也。故尊朱即所以尊孔也。然今人亦知辟象山，尊朱子，及考其所谓尊，则不过训诂文义而已；至于朱子内外本末之兼诣，主敬褆躬实修之旨，则缺如，吾不知其如何也。况下学循序之功，象山虽疏于朱子，然其为学也，先立其大者，峻义利之防，亦自不可得而掩之也。今日尊朱者，能如是乎？不能如是，而徒以区区语言文字之末，辟陆尊朱，则多见其不知量也。"（《全集》卷十五《富平答问》）此明说朱子之为学工夫实，陆子之直觉力量伟，朱子稍疏于心，象山则长于此。是故穷理而不居敬，则为俗学；居敬而不穷理，则为空疏无用之学,不能经世宰物,是腐儒也。故必二面兼施,方能精义入神,随博随约,当下事理洞明,不至支离,学业德业,两者并进也。所谓知行合一,必内外本末,工夫一齐并到,始可以成。其兼取朱陆之长,于此可见。

颙之学说,植基于陆子,而兼取朱子之长,不偏于一派,由是产出自己之学说。但折衷者多乏创造,惟其主张反省事物之理,以直观为主;又说心当保其平静,恰与李延平同;其学自然倾于内省的。故曰:"学问之要,学问之得力,全在定心、静而安,寂然不动,感而遂通;廓然大公,物来顺应,犹如镜之照,不迎不随,此之谓能虑,此之谓得其所止。"(《反身录》之《大学》)故心之体,本虚,本明,本定,本静,能虚明定静,则情忘识泯,心亦不动,恰如镜中之象。盖静中之静易,动中之静难,动时能静,则静时自能静。其言定静工夫,可谓详密。

彼之学既以心德之涵养为主要,明明德止于至善为工夫,是即以致良知纯天理为中心也。故于宇宙问题、心理问题,自不多及。所以门人问《易》时,告之曰:

> 今且不必求《易》于《易》,而且求《易》于己;人当未与物接,一念不起,即此便是无极而太极;及事至念起,惺惺处,即此便是太极之动而阳;一念知敛处,即此便是太极之静而阴;无时无刻,而不以去欲存理为务,即此便是天行健,君子以自强不息;人欲净尽,而天理流行,即此便是乾之刚健中正纯粹精。希颜之愚,效曾之鲁,敛华就实,一味韬晦,即此便是归藏于坤;亲师取友,丽泽求益,见善则迁,如风之疾,有过则改,若雷之勇;时止则止,时行则

行,见可而进,知难而退;动静不失其时,继明以照四方,则兑、巽、震、艮、坎、离在己,而不在《易》矣。(《全集》卷五《锡山语要》)

盖以为理即吾人之心理状态,学者收敛其心,则《易》(理)之变化,即在人之心中,故心中不可无主宰,不可不收敛,如四书中之言,看是易行,而反之于身,欲其体现,亦不易;何况《易》理,欲体用之,岂不更难耶?是故格物穷理之事,实有裨于修齐治平,而后可尊;苟徒博学,而反身不诚,毕竟是玩物丧志,距道愈远。其《受授记要》(编者按:书名应为《授受纪要》,附在《全集》卷十五《富平答问》后。)有云:"重实行不尊见闻,论人品不论材艺,夫君子多识前言往行,原为畜德也。德既畜矣,推己及人,有补于世。若多闻多识,而不见诸实行,以畜其德,人品不足而材艺过人,擅美炫长,于世无补,徒以夸闾里而骄流俗,焉足齿于士君子之林乎!"盖观此可知颙之学风,始终以实践伦理为重也。

第三节 曾国藩

一 略传及著书

曾国藩,字涤生,湖南湘乡人。生于清嘉庆十六年(纪元一八一一),卒于同治十一年(纪元一八七二)。道光年间,会试中式进士,授翰林院检讨。累官至礼部侍郎,丁忧回籍。会太平军起,自广西入湖南,锐不可当。在籍督办团练,立湘军;初不过保卫地方,后因屡挫太平军,遂出境御敌。尔时太平军已建都金陵,国藩崎岖戎马,十余年间,恢复沿江各省,卒破金陵,成清室中兴之业。官至大学士,爵为毅勇侯。国藩居翰林时,即与罗罗山(泽南)等,讲程朱之学,各以学行相砥砺,卒以书生,成削平大难之业。当时湘军名将,多数是平时讲学之朋友及门生。其为人公忠朴诚,言行一致,治军居官,未尝一日离开学问,粹然有儒者气象,当时风气,为之一变。其论学不主一派,于考证家之诋斥宋学,固不以为然,而于汉学,亦极推段、王、江、戴诸公。所为诗文,亦不主一家,精深博大,卓绝一代。卒年六十二。谥文正。所著书,诗、文、奏议、书札、日记及经史百家杂钞共百数十卷。门人辑而刻之,曰:《曾文正公全集》。

二　学行

自汉学极盛,攻击宋学,不留余地,门户之见至深。乾隆以来,宋学二字,几为学人所不道。但汉学大家,如戴震等,不特学术超越前古,即人格亦足为一世模范,故能压倒宋学。至其末流,则考证之途,已达于止境;学者支离破碎,徒以辨析名物为事,而薄视躬行实践。于是浮薄之士,乐其无所拘束,率以汉学家自命,渐惹人心之厌恶,尔时老成贤达之士,遂欲和会汉宋,力矫轻浮之弊习,曾国藩即为折衷派之领袖;彼支持清末数十年之学风,孜孜为学,终身不倦,虽未尝有特创之学说,然其宗旨,本在调和汉宋,且极重实践,乃兼容并包之折衷派也。

其治学之宗旨,略见于其所著之《圣哲画像记》,有云:"自朱子表章周子、二程子、张子,以为上接孔孟之传;后世君相师儒，笃守其说，莫之或易。乾隆中，闳儒辈起，训诂博辨，度越前贤，别立徽志，号曰汉学；摈有宋五子之术，以为不得独尊；而笃信五子者，亦屏弃汉学，以为破碎害道；断断焉而未有已。吾观五子之言，其大者多合于洙泗，何可议也；其训说诸经，小有不当，固当取近世经说，以辅翼之；又何可屏弃群言以自隘乎！"而其《致刘孟容书》（孟容名蓉亦湘乡人）、《覆夏弢甫书》（弢甫名炘，安徽当涂人，著有《述朱质疑》等书），亦皆反覆陈明此旨。（具见《文集》）可见其兼采汉宋之长，以成文质得中之学派，不以当时之门户攻击为然，确为包容众流之大家也。且不独对于汉宋之争主调和，于程朱陆王之争，亦主调和。是时唐鉴（字镜海）著《国朝学案小识》，尊程朱而排陆王，国藩尝从鉴问学，而于鉴之主张，则非之。尝云："朱子主道问学，何尝不洞达本原？陆子主尊德性，何尝不实征践履？姚江宗陆，当湖宗朱（当湖指陆陇其），而当湖排击姚江，不遗余力；当湖学派极正，象山姚江亦江河不废之流"（《覆夏弢甫书》），此盖与小儒拘守门户之见，截然不同者也。其博采众长之处，且不限于儒学。其《日记》中有云："以庄子之道自怡，以荀子之道自克，其庶为闻道之君子乎！"又曰："以禹墨之勤俭，兼老庄之静虚，庶于修己治人之术，两得之矣"；又曰："周末诸子，各有极至之诣，其所以不及孔子者，此有所偏至，即彼有所独缺，亦犹夷惠之不及孔氏耳。若游心能如老庄之虚静，治身能如墨翟之勤俭，齐民能如管商之严整，而又持之以不自是之心，偏者裁之，缺者补之，则诸子皆可师，不可弃也。"于此可见其博大；其身心实践，亦悉与以上所言相合；且每日必静坐数息百入，则又采用道家功夫者也。

国藩生平,极服膺桐城姚姬传鼐,故《圣哲画像记》并尊顾、秦、姚、王,顾即昆山顾亭林,秦则无锡秦蕙田,王则高邮王念孙父子也。然姬传称学问之途有三,曰:义理、考据、词章;义理指宋学,考据指汉学。而国藩则云:"有义理之学,有词章之学,有经济之学,有考据之学。义理之学,即宋史所谓道学也,在孔门为德行之科。词章之学,在孔门为言语之科。经济之学,在孔门为政事之科。考据之学,即今世所谓汉学也,在孔门为文学之科。此四者阙一不可。"(见《日记》)惟其局量广大,故其门下,才智毕集,一艺一长,靡所不揽。学识则广于程朱,事功则越乎阳明,伟成中兴之业,决非偶然。以现在眼光批评,一若以汉人辅佐满清,杀戮同胞,为大不道,其实时势使然,不足以损其学问人格也。

第四章　关洛闽学派

第一节　王夫之

一　略传及著书

　　王夫之,字而农,号薑斋。生明神宗万历四十七年(纪元一六一九)。崇祯十五年,中式举人。明亡,桂王监国驻桂林,大学士瞿式耜辅佐之。夫之往从,授行人官。后以母病辞归。而桂王覆亡,式耜亦殉节于桂林。夫之遂隐遁不出,展转于湘西、郴、永、涟、邵间,与苗瑶杂处。晚乃居衡阳之石船山,杜门不出。学者称船山先生。清康熙三十一年,卒(纪元一六九二)。年七十四。自题其墓曰 : 明遗臣王某之墓。

　　著书有《周易内传》十二卷 ;《周易外传》七卷 ;《周易大象解》一卷 ;《周易稗疏》二卷 ;《周易考异》一卷 ;《书经稗疏》

四卷;《尚书引义》六卷;《诗广传》五卷;《诗经稗疏》五卷;《诗经考异》一卷;《礼记章句》四十九卷;《春秋稗疏》二卷;《春秋家说》、《春秋世论》五卷;《读春秋左氏传博议》二卷;《四书义训》三十八卷;《四书稗疏》二卷;《四书考异》一卷;此外尚有《张子正蒙注》、《思问录内外篇》、《俟解》、《噩梦》、《黄书》等,均收《船山遗书》中。

二　学说

夫之之学,由关而洛而闽,力抵殊途,归宿正轨。其《张子正蒙注序》云:"张子之学,上承孔孟,如皎日丽天,无幽不烛。惜其门人未有殆庶者,其道之行,曾不逮邵康节之数学,是以不百年而异说兴。"于此可见夫之实崇拜张子之关学,而有意继承之者。其作《大学补传》为之衍曰:"经云事有终始,知所先后,则近道矣。递推其先,则曰在格物;物格而后知至,知至而后意诚,以及于天下平,皆因焉。是事之始,为先所当知者明矣。故以格物为始教,而为至善之全体,非朱子之言也,经之意也。……君子之所谓知者,吾心喜怒哀乐之节,万物是非得失之几,诚明于心而不昧之谓耳,非君子之有异教也。人之所以为人,不能离乎君民亲友以为道,则亦不能舍夫人官物曲以尽道,其固然也。今使绝物而始静焉,舍天下之恶,而不取天下之善,堕其志,息其意,外其身,于是而洞洞焉,晃晃焉,若有一澄澈之境,置吾心而偷以安。又使解析万物,求物之始而不可得;穷测意念,求吾心之所据而不可得;于是弃其本有,疑其本无,则有如去重而轻,去拘而旷,将与无形之虚同体,而可以自矜其大。

斯二者乍若有所睹，而可谓之觉；则庄周瞿昙氏之所谓知，尽此矣。然而求之于身，身无当也；求之于天下，天下无当也。"此其抉剔释老之弊，亦与张子《正蒙》中所说"蔽其用于一身之小，游其志于虚空之大者"相同。故唐鉴之《国朝学案小识》，称夫之为由关而洛而闽也。

又云："彼自为说，而为君子之徒者，未有以为可与于圣人之教也。有儒之驳者起焉，有志于圣人之道，而惮至善之难止也。……于是取大学之教，疾趋以附二氏之涂，以其恍惚空明之见，名之曰：此明德也，此知也，此致良知而明明德也；体用一，知行合，善恶泯，介然有觉，颓然任之，而德明于天下矣。乃罗织朱子之过，而以穷理格物，为其大罪。天下之畏难苟安，以希冀不劳无所忌惮而坐致圣贤者，翕然起而从之。"此则明明斥王学之依附释老，而推尊朱子。故又云："夫子博文约礼之教，千古合符，精者以尽天德之深微，而浅者亦不亟叛于圣道。圣人复起，不易朱子之言矣。"夫之之学，归宿于闽，于此益见。

其衍《中庸》曰："《中庸》、《大学》，自程子择之《礼记》之中，以为圣贤传心入德之要典。迄于今学宫之教，取士之科，与言道者之所宗，虽有曲学邪说，莫能违也；则其为万世不易之常道久矣。乃《中庸》之义，自朱子之时，已病乎程门诸子，背其师说，而淫于佛老……朱子《章句》之作，一出于心得，而深切著明，俾异端之徒，无可假借，为至严矣。……数传之后，朱门之余裔，或以钩考文句，分支配拟，为穷经之能事。……其偏者则以臆测度，趋入荒杳，堕二氏之郛廓，而不自知。……明兴，河东、江右诸大儒，既汲汲于躬行，而立言之未暇。降及正嘉之际，姚江王氏始出焉，则以其所得于佛老者，殆攀是篇，以为证据。其为妄也,既莫之穷诘,而其失之皎然易见者,则但取经中片句只字,与彼相似者,以为文过之媒。至于全书之义,详略相因,巨细毕举,一以贯而为天德王道之全者,则茫然置之而不恤。迨其徒二王、钱、罗之流,恬不知耻,而窃佛老之土苴,以相附会,则害愈烈;而人心之坏,世道之否,莫不由之矣。夫之不敏,深悼其所为,而不屑一与之辩也。故僭承朱子之正宗,而为之衍,以附诸章句之下。庶读者知圣经之作,朱子之述,皆圣功深造体验之实,俾学者反求自得,而不屑从事于文词之末,则亦不待深辩,而驳儒淫邪之说,亦尚息乎!"此其摈斥阳明及王门诸子,尤为深切著明者也。

夫之自己之学说,多见于《思问录内外篇》、《俟解》二书。其言性,则曰:"尽性以至于命,至于命而后知性之善也。天下之疑,皆允乎人心者也;天下之变,皆顺乎物则者也;何善如之哉!测性于一区,拟性于一时,所言者皆非性也,恶知善。"盖谓性是普遍的,不可于一方面测之,不可于一时间拟之,必推极至于命,而后可知性之全体也。其言心,则曰:"天下何思何虑,言天下不可得而逆亿也;故曰:无思,本也;物本然也。义者,心之制,思则得之;故曰:思,通用也,通吾心之用。死生者,亦外也;无所庸其思虑者也。顺事没宁,内也;思则得之者也。不于外而用其逆亿,则患其思之不至耳;岂禁思哉!"又云:"欲修其身者,先正其心,圣学提纲之要也。勿求于心,告子迷惑之本也。不求之心,但求之意,后世学者之通病;盖释氏之说,暗中之。呜呼!舍心不讲,以诚意而为玉钥匙,危矣哉!"(以上皆《思问录内篇》)王氏盖本乎孟子"心之官则思"之说,谓心之用在于思,不能用逆亿之意。后世学者之病,是舍心而求意,此其蔽也。其言性与气之别,则曰:"末俗有习气,无性气;其见为必然而必为,见为不可而不为,以婟婟自任者,何一而果其自好自恶者哉!皆习闻习见而据之,气遂为之使者也。习之中于气,如瘴之中于人,中于其所不及知。而其发也,血气皆为之溁涌。故气质之偏可致曲也;嗜欲之动,可推以及人也;唯习气移人,为不可复施斤削。"(《俟解》)此则推衍孔子性相近习相远之说,而穷究习气之流弊,不觉其言之痛切也。

第五章　考证学派

第一节　考证学之渊源

考证学之渊源,出于顾炎武,兹举其研学之特色:第一,其研究方法,即为归纳的、科学的;第二,以不吸古人之糟粕,而以独创的主张为生命;第三,力求研究之所得,可以施于实用,所谓致用之精神;此三者是其主要之特色也。第一归纳的,是就事迹、文物、文句、文字等,俱一一博引旁证,总合研究其异同,以期入手即无谬误,而后归纳之以为定说,用意十分周到。第二独创的,则以窃取古人已阐明之遗说为耻,务自己独创之见解,以立新说。《日知录·自序》曰:"常谓今人纂辑之书,正如今人之铸钱;古人采铜于山,今人则买旧钱,名之曰废铜,以充铸而已;所铸之钱,既已粗恶,而又将古人传世之宝,春锉碎散,不存于后,岂非两失之乎!……承问《日知录》又成几卷,盖期之以废铜,而某自别来一载,早夜诵读,反复穷究,仅得十余条,然庶几采山之铜也。"由此可知其独创的精神。全祖望亦曰:"凡先生之游,必载书自随,至阨塞之所,即呼老兵退卒,询其曲折,或与平日所闻不相合时,即发书而对勘之。"(《鲒埼亭集·亭林先生神道碑》)似此周游天下,前后且三十年,如此,其实证之精神,可以想见。所以《四库全书提要》曰:"炎武学有本原,博赡而能贯通,每一事必详其始末,参以证佐,而后举之于书,故引据浩繁,而少抵牾,非如杨慎、焦竑诸人之偶然涉猎,得一义异同,知其一不知其二也。"其造诣之深,及论断之精赅的确,又可想见。第三致用,则以为学者一切研究,不可单止于断理,尤当使之适于实用之谓。由来孔孟为学之精神,都是实用主义,不是纯理思辨之学;至宋明全然埋殁孔孟之本旨,学者远于世用,惟尚空谈,是为大病故;不可不复于孔孟当年,亦以经世致用为宗旨。其所著《天下郡国利病书》,即其致用方面之代表。

　　以炎武此种归纳的独创的致用的精神为中心,而续起者,即为"考证学派"。此派自阎若璩、胡渭而后,至乾隆时,惠栋、戴震而大成,特尊之为汉学,以排斥宋学。惠栋是吴人,承其祖周惕、父士奇三世相传之经学,世称吴中三惠,其学号称为吴派。戴震是皖人,其学号为皖派。此外尚有段若膺、王怀祖及其子引之等,人才辈出,号称极盛。至此时,考证学于"为学问而学问"之精神,发挥极多;致用之精神则缺焉。

第二节　考证学之内容

考证学研究经子之方法,大别之可分为"训诂"、"校勘"二种:前者是书中字义之整理贯通,后者是书本之整理。训诂之学是惠栋一派"汉学"者之所长,取古义古训之同一事类、同一用法,多方搜集,而比较归纳之;其法虽与古来之训诂学不甚相远,然研究之深广,及客观的态度,是其特色。兹举例如下,即此派之中坚戴、段、二王所用之方法,应用于"小学"属于文字、音韵、文法三方面者;或则参照古训之义理,而比较归纳,以作定说者。

（一）"文字"上之研究。是根据古义,将古字典、古笺注及古书之同类事项,比较综合之谓。

〔例〕《老子》三十九章,"为天下正"。

> 侯王得一以为天下贞,河上公本,贞作正,注云:为天下平正。念孙(怀祖字)案:《尔雅》曰:正,长也;《广雅》曰:正,君也;《吕氏春秋·君守篇》:可以为天下正;高《注》曰:正,主也;为天下正,犹《洪范》言为天下王耳。下文天无以清地无以宁,即承上文天得一以清,地得一以宁言之。又曰:侯王无以贞而贵高将恐蹶,贵高二字,正承为天下正言之,是正为君长之义,非平正之义也,王弼本正作贞,借字耳。(《读书杂志》余篇上)

以上取古字典二条,古书同类二条,注一条,考证"正"字之字义。

（二）以"音韵"为根据，对于文字之研究。其法用假借、声类、通转等用例为证。意谓古字通用，由于音韵之不大相违，所以要明古字之意义，不可不明古来音韵变迁之理。其说顾炎武、江永、钱大昕、孔广森等力倡之，以后音韵学遂大兴。

〔例〕《庄子》"培风"。

> 《逍遥游篇》，风之积也不厚，则其负大翼也无力，故九万里，则风斯在下矣，而后乃今培风。《释文》曰：培，重也；本或作陪。念孙案：培之言冯也，冯，乘也。（见《周官·冯相氏》注）风在鹏下，故言负；鹏在风上，故言冯；必九万里而后在风之上，在风之上而后冯风，故曰而后乃今培风。若训培为重，则与上文了不相涉矣。冯与培声相近，故义亦相通；《汉书·周缫传》，更封缫为城侯。颜师古曰，，吕忱音陪，而《楚汉春秋》作冯城侯；陪冯声相近，是其证也。冯字古音在蒸部，陪字古音在之部，之部音与蒸部音相近，故陪冯声亦相近。《说文》曰：陪，满也；王注《离骚》曰：冯，满也；陪冯声相近，故皆训为满。（《读书杂志》余篇上）

此引古字典、古书注各数条，辨证"冯"、"陪"古音相近，字义相同如此。

（三）"文法"上之研究。取助字、介字、连字、状字等，都解作名字、代字等实字，以匡正其义之方法之谓。此方面之大成者，是王怀祖父子，所著《经传释辞》，尤其代表之作。

〔例〕《老子》三十一章，"夫佳兵者不祥之器"。

《释文》：佳，善也；河上公云：饰也。念孙案：善饰二训，皆于义未安。古所谓兵者，皆指五兵而言；故曰，兵者不祥之器；若自用兵者言之，则但可谓之不祥，而不可谓之不祥之器矣。今案：佳，当作隹，字之误也；隹，古唯字也；唯兵为不祥之器，故有道者不处。上言夫唯，下言故，文义正相承也。八章云：夫唯不争，故无尤；十五章云：夫唯不可识，故强为之容；又云：夫唯不盈，故能敝不新成；二十二章云：夫唯不争，故天下莫能与之争；皆其证也。古钟鼎文，唯字作隹，石鼓文亦然；又夏竦古文四声韵，载《道德经》唯字作𪁖，据此，则今本作唯者，皆后人所改；此隹字若不误为佳，则后人亦必改为唯矣。（《读书杂志》余篇上）

以上三例，不过示"考证学"之片鳞，然由此片鳞，读者当可悟到考证所研究，是科学的、客观的，且用意亦极周到。训诂方法，不独如上所述，或引史上事例，或引证金石彝器钟鼎之款识。又如惠栋一派之汉学家，考证汉代之古义古训，其方法依人而异，不仅上述之方法而止。上所述三例，是因其在小学及其他方面，使用最多，故特标出之。

至于"校勘"古书，则与"训诂学"正有密切关系，专以勘校本文之正确为事。集古刻之善本多种，厘正其异同，及误字误句等，其方法则述本书上之通用义例，及类书中之引用文，及本文上下之文义文法等，详加考察，而匡正其谬误。此事业亦收盛大之效果。

第三节　戴震

一　略传及著书

考证学虽分吴皖两派,而皖派戴震,初亦从惠栋游,厥后自成一家。但考证学家多致力于训诂文字方面,于思想实无可述,故于哲学上关系极少。惟戴震则稍有涉及思想方面者,本章略述之。

戴震,字慎修,一字东原,安徽休宁人。生于清雍正元年(纪元一七二三),殁于乾隆四十五年(纪元一七八〇)。彼为考证学大家,因受时代之影响,毕生致力于此。然其博大彻底之精神。亦有出于考证学之外,而致其思索者。彼嫌宋人以一己之胸臆解经义,于是以"唯求实事不主一家"之科学的精神,解读古书。故于宋儒混杂老释之思想,以依附孔孟,及舍欲言理,排情固性之见解,概斥为非。而著《原善》三篇,《孟子字义疏证》三卷,以期揭出孔孟之真正面目。(此书收在《戴氏遗书》四帙中)

二　人生哲学

代表震之思想,即以上二书。著此书之动机,乃为破宋儒空疏之谬见,而高倡儒学根本精神,为实用经世之术者也。

震先就宋学之根本"理"为之说曰:"程朱以理言性,其见性也。以为人心中如有一物,此物即为理,而此理又即为得之于天,具之于心者。吾人求理时,不外体贴天意;而体贴天意以明理,又不可不去人欲。"(《戴氏遗书》卷九附录《答彭进士书》)但理字之说,《六经》及《论》《孟》中,多不散见,要为宋儒独得之思想,与孔孟之本旨,初无关系。例如宋儒立理欲之辩,以为不出于理,则必出于欲;不出于欲,则必出于理;而除去一切情欲,即为本然之性,即为理。但古之圣贤,未尝有涸竭民情之语,但说当使人各遂其情,而得中庸,以期社会之进步。宋儒去欲之说,要为混杂老佛虚无之证据,孔孟决不将情理区而为二也。是则"理也者,情之不爽失也;未有情不得而理得者也"。(《疏证》上卷)情者,自是性之"分理",以性之静者当天理,则人欲者,性之动者也。从而绝此性之动,即是绝人之理,岂圣人之道哉!毕竟性之中含有知、情、欲三者,性之名字,方得存在。古人言性,但以气禀为言,亦未尝明言惟理义为性。理义之说,虽由于孟子,是因当时异说纷起,就方便上,取此理义以为圣人治道之具。故孟子说:"养心莫善于寡欲",明乎欲之不可无也,寡之而已。人之生也,莫病乎无以遂其生,欲遂其生,亦遂人之生,仁。欲遂其生,至于戕人之生而不顾者,不仁也。不仁实始于欲遂其生之心;使无此欲,必无不仁矣。然使其无此欲,则于天下之人,生道穷蹙,亦将漠然视之。己不必遂其生,而能遂人生,无是情也。然则谓不出于正,则出于邪;不出于邪,则出于正,可也;谓"不出于理,则出于欲;不出于欲,则出于理不可也。何以故?欲其物,理其则也。若谓不出于邪而出于正,犹往往有意见之偏,未能得理;况更谓不出于理而出于欲乎"。(《疏证》上卷)事实上,自宋以来,言理欲之人,徒以为正邪之辨;其不出于邪而出于正,要为以理应事之言。但理与事不可分为二;分而为二,则必害事无疑。夫事至而应者心也；心有所蔽，则于事情未之能得，又安能得理乎？

盖人类生存以上，若禁止其情欲，要为至难之事。饥寒、愁怨、饮食、男女之常情，以及一切隐情曲绪，皆称之为"人欲"；然此种人欲，如尽除去，则非根本上否定人生，当不可能。抑天道者，要不外阴阳五行；人之生也，分此阴阳五行而为性，是以有血气，有心知，从而又有情欲。此心知与情欲，有密切相关。故知、情、欲（意）三者，要为心之三大作用；去其一，则人生不得完全。故云：

> 记曰："饮食男女，人之大欲存焉"；圣人治天下，体民之情，遂民之欲，而王道备。人知老庄释氏，异于圣人，闻其无欲之说，犹未之信也。于宋儒则信以为同于圣人，理欲之分，人人能言之。故今之治人者，视古圣贤，体民之情，遂民之欲，多出于鄙细隐曲，不措诸意，不足为怪。而及其责以理也，不难举旷世之高节，著于义而罪之；尊者以理责卑，长者以理责幼，贵者以理责贱，虽失谓之顺；卑者、幼者、贱者，以理争之，虽得谓之逆。于是下之人，不能以天下之同情，天下所同欲，达之于上。上以理责其下，而在下之罪，人人不胜指数。人死于法，犹有怜之者；死于理，其谁怜之！呜呼！杂乎老释之言以为言，其祸甚于申韩如是也。《六经》孔孟之书，岂尝以理为如有物焉，外乎人之性之发为情欲者，而强制之也哉？（《疏证》上卷）

戴氏取宋儒以理为性之本质心之主宰之误谬，指摘无遗。心是知、情、意三者之合体，去其一，心且失其为心，于生物之体,而去其欲情时,是否定其生存也。人不可不去情欲之论,孔孟皆未言及,谓君子之治天下也,使人各得其情,各遂其欲,勿悖于道义。君子之自治也,务使情与欲一于道义,夫遏欲之害,甚于防川;绝情去智,仁义充塞;要为老释之言,非吾儒本旨。吾儒但主张去其欲之私与蔽,而归于欲之中庸。以为修为之要谛,决无此种无欲与绝欲之主张。盖孟子之所谓"性",即宋儒之所谓"才",俱指气禀而言;此才不尽,则有二患:一曰私,二曰蔽,世所谓善不善,要由于此二者,而非才之罪。故学礼义可以去蔽,而强制可以去私,圣人之教化,要为如此。而吾儒四德之意义,亦是求欲情之得其中,而下此工夫。戴氏盖对于人性之本质,始终立足于人生观上,以自然的生理的下其观察;不似宋儒由本体的伦理的而作抽象论。其结果对于混杂老佛之宋儒理学,极端反对,以明孔子之真传,可谓卓识。而分心为知、情、意三面,以解释心体,合乎近世之心理学,尤足见其思想之致密也。

三　伦理观

戴氏于宋儒混和释老之心性说,既唾弃之,而以经世实用之学,善导天下之民,造成文质彬彬之文化社会,实现孔孟之精神,当然为其理想。故主张不可不使民遂其情,调节欲望而保其中庸;但如何而此情可遂,此欲可达,在实践伦理上,人生知、情、意三者,如何可以保其调和。戴氏曾言去私去蔽,制御欲情,此两条是其教育观及伦理观。尝曰:私生于欲之失,蔽生于知之失,释氏尚无欲,儒家尚不蔽;释氏以为主静可至于君子,儒家则强恕以去私，问学以去蔽，主忠信，而明其善，则养其心而去其私，即得欲之中庸。其言曰：

> 夫过欲之害，甚于防川；绝情去智，仁义充塞。人之饮食也，养其血气；而其问学也，养其心知，是以自得为贵。血气得其养，虽弱必强；心知得其养，虽愚必明；是以扩充为贵。君子独居思仁，公言思义，动止应礼，竭其所能谓之忠，明其所履谓之信，施其所平谓之恕，驯而致之谓之仁且智，仁且智者，不私不蔽者也。君子之未应事也，敬而不肆，以虞其疏；事至而动，正而不邪，以虞其伪；必敬必正，以致中和，以虞其偏且谬。戒疏在乎恐惧，去伪在乎慎独，致中和在乎达礼。精义至仁，尽天下之人伦，同然归之于善，可谓至善矣。若夫以理为学，以道为统，以心为宗者，探之茫茫，索之冥冥也。曷若反求之六经耶！（《原善》）

以六经匡心知，以物质遂欲而养血气，正所谓健康之精神，宿于健全之身体者也。明乎此义则养其中和之德，则私蔽自去，孟子所谓大丈夫之境地自达。其思想，正通于近代之"自然主义"与"功利主义"所谓"以人之欲，为己欲之界；以人之情，为己情之界"之说，尤为极自然的见解，其中默含功利思想，自不待言。

第四节　洪亮吉

一　略传及著书

经史学家而具深湛之思想者,戴震而外,尚有洪亮吉。亮吉字君直,一字稚存,江苏阳湖人。生六岁而孤,家贫,就外家读,聪颖倍常儿。年二十四,补诸生,始好词章,继乃兼治经史。性至孝,常橐笔游公卿间,节所入以养母。母卒后,遇忌日,辄不食。居陕时,至友黄景仁病笃,驰函托以身后事。四昼夜驰七百余里,往料理其丧;扶其枢回常州,为营葬焉。乾隆庚子中顺天乡试。庚戌成进士,授翰林院编修。旋提督贵州学政,其教士敦厉实学;由是黔人皆知好古读书。嘉庆初,川楚教匪作乱,上求直言。乃上书谓圣躬兢业于上,在勤政远佞;臣工惕厉于下,毋奔竞营私;语过激直。上震怒,下军机刑部会讯,拟大辟。特恩,免死,戍伊犁。就道之日,居民围观于马前,相与叹息曰:"此所谓不怕死之洪翰林也。"后赦回,自号更生居士。从此一意著述,放浪于山水者十年。卒年六十四。

所著书有《左传诂》二十卷;《公羊穀梁古义》二卷;《六书转注录》十卷;《汉魏音》四卷;《比雅》十卷;《传经表》、《通经表》各二卷;此外尚有《地理志》及《诗文集》、《词》、《乐府》等,合刊为《洪北江遗书》。

二　学说

亮吉文集中,有《意言》二十篇。其中《真伪篇》有云:"今世之取人也，莫不喜人之真，厌人之伪，是则伪不可为矣；而亦不然。襁褓之时，知有母而不知有父，然不可谓非襁褓时之真性也；孩提之时，知饮食而不知礼让，然不可谓非孩提时之真性也。至有知识而后，知家人有严君之义焉；其奉父也，有当重于母者矣。饮食之道，有三揖百拜之仪焉；酒清而不饮，肉干而不食，有非可径情直行者矣。将为孩提时之真乎？抑有知识时之真乎？必将曰：孩提之时虽真，然苦其无知识矣。是则无知识之时真，有知识之时伪也。吾以为圣人设礼，虽不导人之伪，实亦禁人之率真。何则？上古之时，卧倨倨，兴眄眄，一自以为马，一自以为牛，其行蹎蹎，其观瞑瞑，可谓真矣。而圣人必制为尊卑上下寝兴坐作委曲烦重之礼以苦之；则是真亦有所不可行，必参之以伪而后可也。且士相见之礼当矣，而必一请再请，至固以请，乃克见。士昏之礼，当醴从者矣，亦必一请再请，至固以请，乃克就席。乡射礼，知不能射矣，而必托辞以疾。以至聘礼，不辱命，而自以为辱。朝会之礼，无死罪，而必自称死罪。非皆禁人之率真乎。总之：上古之时真，圣人不欲过于率真，而必制为委曲烦重之礼以苦之；孩提襁褓之时真，圣人又以为真不可以径行，而必多方诱掖奖劝以挽之；则是礼教既兴之后，知识渐启之时，固已真伪参半矣。而必鳃鳃焉以真伪律人，是又有所不可行也。"此其言真伪，与世之言真伪者绝不同，颇近荀子性恶善伪之说。然在《形质篇》，则又谓："嗜欲益开，形质益脆；知巧益出，性情益漓"；其意又似相反，一若所说之伪道，毕竟不可以久，去伪日近，离真愈远，吾人宜复归于真者方可也。

亮吉之经济思想，尤极缜密，其《意言》中之《治平篇》云：

"人未有不乐为治平之民者也，人未有不乐为治平既久之民者也。治平至百余年，可谓久矣。然言其户口，则视三十年以前，增五倍焉；视六十年以前，增十倍焉；视百年百数十年以前，不啻增二十倍焉。试以一家计之；高曾之时，有屋十间，有田一顷，身一人，娶妇后不过二人。以二人居屋十间，食田一顷，宽然有余矣。以一人生三子计之；至子之世，而父子四人；各娶妇即有八人；八人即不能无佣作之助，是不下十人矣。以十人而居屋十间，食田一顷，吾知其居仅仅足，食亦仅仅足也。子又生孙，孙又娶妇，其间衰老者或有代谢，然已不下二十余人。以二十余人而居屋十间，食田一顷，即量腹而食，度足而居，吾知其必不敷矣。又自此而曾焉，自此而玄焉，视高曾时，口已不下五六十倍。是高曾时为一户者，至曾玄时不分至十户不止。其间有户口消落之家，即有丁男繁衍之族，势亦足以相敌。或者曰：高曾之时，隙地未尽辟，闲廛未尽居也；然亦不过增一倍而止矣；或增三倍五倍而止矣；而户口则增至十倍二十倍。是田与屋之数，常处其不足；而户与口之数，常处其有余也。又况有兼并之家，一人据百人之屋，一户占百户之田；何怪乎遭风雨霜露饥寒颠踣而死者之比比乎？曰：天地有法乎？曰：水旱疾疫，即天地调剂之法也。然民之遭水旱疾疫而不幸者，不过十之一二矣。曰：君相有法乎？曰：使野无闲田，民无剩力，疆土之新辟者，移种民以居之，赋税之繁重者，酌今昔而减之。禁其浮靡，抑其兼并，遇有水旱疾疫，则开仓廪悉府库以赈之。如是而已。是亦君相调剂之法也。要之，治平之久，天地不能不生人，而天地之所以养人者，原不过此数也。治平之久，君相亦不能使人不生，而君相之所以为民计者，亦不过前此数法也。然一家之

中,有子弟十人,其不率教者常有一二。又况天下之广,其游惰
不事者,何能一一遵上之约束乎! 一人之居,以供十人已不足,
何况供百人乎! 一人之食,以供十人已不足,何况供百人乎!
此吾所以为治平之民虑也。"此以户口之增与田屋之增不相比,
累率以计算,十分精审。近世经济学者竭尽脑力,研究数十年而
卒无方法以善其后者,即此问题。亮吉生于乾嘉极盛之时,而思
深虑远,若已见及天下危乱之机,诚可谓卓见。且彼时亦初不知
有所谓经济学、统计学,而其思虑之周密如此,尤不得不使人叹
服也。

第五节　俞樾　附孙诒让

一　略传及著书

俞樾,字荫甫,号曲园,浙江德清人。清宣宗道光二年(纪
元一八二二)生,光绪三十三年(一九〇七)卒,年八十有六。
三十岁成进士,入翰林。咸丰七年,提督河南学政,革职,寓居
苏州读书,始有志著述。治经之外,旁及诸子。著有《春在堂全
书》,其中《群经平议》三十五卷,《诸子平议》三十五卷,最有
价值。此外有《第一楼丛书》三十卷,《诗词编》《宾朋集》等
百七十六卷,《宾朋集》卷四十五有《性说》上下二篇,可以见其
讲学之态度。盖其眼中,以为孔子初不判定性之善恶,至孟荀始
有善恶之主张,彼则有取于性恶说,而不取性善说者也。

二　学说

（一）论性与才之别

曲园谓民之初生，如禽兽然；圣人惧之，故教以五伦之道，设礼制刑，荀子之言，实已尽之。夫使人性本善，则圣人何必如此？ 或难之曰：圣人教人，以人性本善也；若人性不善，则教无所施，今将执禽兽使知五伦之道，其可得乎？ 吾则曰：此非性之异，才之异也；禽兽无人之才，故不能为善，亦不能为大恶。人则不然，其才能役使万物，方其未有圣人之时，天下之人，率其性之不善，又佐之以才，盖其为恶，十百倍于禽兽也。圣人曰："是能为恶，亦将能为善，不如禽兽之冥顽不灵，吾无从施其教。"于是以其所能，教人之不能；以其所知，教人之不知；人之才果足以及之。然则人之可以为圣人者，才也，非性也。性者，人与物之所同也；才者，人与物之所异。禽兽之不及人，非其性之不足，其才之不足也。曲园之伦理说，为性恶一元论，视性甚轻。自性言之，则人类与下等动物，悉皆同一；惟才有优劣，故人类为万物之灵长，而动物则为人之使役也。且惟人之才多，故为恶亦远胜于禽兽；是故当求善良之方法，以谋屈性伸才。是彼之政治教育之要旨，亦可谓之轻性重才说。

（二）驳孟子

曲园谓孟子所云："人之所不学而能者，其良能也；所不虑而知者，其良知也。"而以孩提之童之爱亲敬兄为证据，其说非也。何则？ 孩提之童，其母乳之，其父煦咻之，故自然能爱其亲，此爱非良知良能，乃昵其所私耳。及长则对于其亲，偶有同异之见，而憎爱即起；至于兄弟之间，友悌破裂，时起争斗，乃是常事,此适足以表明性之不善也。又云:孟子说"人无有不善,水无有不下,今夫水,搏而跃之,可使过颡;激而行之,可使在山;是岂水之性哉?其势则然也!人之可使为不善,其性亦犹是也"。呜呼!使世人而皆圣贤,其愚者不失为君子,为恶者仅千百中之一,则孟子之言信矣。今天下之人,为善者少,为恶者多,何其性之善变耶!夫水,搏之过颡,俄顷即复其故;人性岂如是耶?强之如是,固决不能持久,而人之为恶,将终其身焉,则孟子之说非也。又谓人之善恶恰如寿夭,孟子曰:"人皆可以尧舜",此无异说人皆可以保百年之寿,呜呼!何其言之轻易也。

(三)孟荀比较

孟荀二子之性说,于根柢则正相反对,而其修为之极度,得达于圣人之域则同。孟子曰:"人皆可以为尧舜";荀子曰:"涂之人可以为禹。"于是曲园本其自家之见地,以判断二家之说曰:"荀子必取于学者也;孟子必取于性者也。从孟子之说,将使天下之人,恃性而废学,而释氏之教,得以行于其间;《书》曰:'节性,惟日其迈。'(《周书·召诰》);《记》曰:'率性之谓道。'(《中庸》首章)孟子之说,率其性者也;荀子之说,节其性者也。夫为君子之责者,在使人知率其性;人者,在使知节其性者也。故吾人论性,不从孟而从荀也。"由是观之,曲园之性说,乃自政治教育之功利见地上以立言也。

三　结论

荀子出于周末,唱性恶一元的伦理说,后儒非之者多,绝无

一人左袒之者；隔千九百余年后，曲园独毅然赞同之，不可谓
非隔世之知音也。近代西洋之利己说，实即与性恶说，同一见
地；而在我国，则古今来惟有荀俞二氏，主张此说耳。曲园当清
代诸儒醉心于程朱糟粕之际，独不肯盲从，而排斥宋明以下诸大
家，遥应荀子，不可谓非卓见，岂得谓其好奇乎？然曲园始终尊
崇孔子，其辨性与才曰："性恶者，才可为善可为恶者也。"惜于
性与才之关系，尚未有彻底之解释。以此说比较孟子之性情才
皆善说，固大不同；以之比较荀子之天性恶人为善之说，则曲园
之辨析性与才，有加一层阐明之功。以图解之如下：

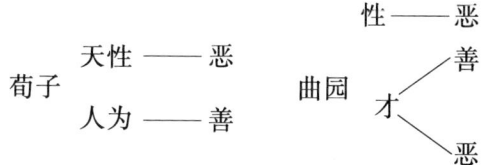

依吾人今日之见，究竟古来性善性恶二说，孰近真理？则
答曰两者不过各含一部分之真理，而未完全者也。盖性之本体
浑然，无所谓善恶；善恶者，其后起之作用也。各就作用之一
面，以认本体，而执为善为恶之说，是不免见其一不见其二；故
以孔子言"性相近，习相远"，最为适当。若执其一偏，而互相诋
排，恰如执着爱己主义、爱他主义，各偏于一方相似。然在儒家
之立场，惟以性善说为最正，故古来无数学者，罔不欢迎孟子；
独有曲园敢于千百余年后，阐发荀子之说，其自由研究之精神，
有足多者。

曲园曾主讲浙江诂经精舍，有大弟子曰孙诒让，卓然为考
证学之殿将，其造诣之精，几驾乎乾嘉诸大师之上；特附述之。

孙诒让　字仲容,浙江瑞安人,太仆依言之子。少好六艺古文,太仆讽之,使为经世致远之学。诒让谓"先汉诸黎献,风义爵然,经训固未尝不可通于治也"。太仆乃授以《周官经》,其后作《周礼正义》,实自此始。年二十,中同治丁卯乡试,援例得主事。从父官江宁,与德清戴望、仪征刘寿曾等游,学益进。从来治经者,以《礼》为最难。诒让则独长于礼,所著《周礼正义》八十六卷,宏深精博,冠绝古今。又著《古籀拾遗》三卷,以金石文字,辨正六书。兼推阐古人造字之精意,成《名原》二卷。又辨析龟甲,成《契文举例》二卷。又以《墨子》脱误乖舛,几不可读,乃集合诸家校本,一依小学形声通假之例,逐加诠释,成《墨子间诂》十五卷;今人得以通墨子者,端赖此书。此外著述甚多,大抵不出经学小学范围。诒让诚不愧为清代三百年最后之朴学大师也。光绪三十四年(纪元一九〇八)五月,病中风卒,年六十一。

第六章 实用派

第一节 颜元

一 略传及著书

汪中有《六儒颂》,举昆山顾炎武、德清胡渭、宣城梅文鼎、太原阎若璩、元和惠栋、休宁戴震六人。但可与六人并肩齐驱者,更有余姚黄宗羲、衡阳王夫之、无锡顾祖禹、大兴刘献廷,皆一世之大儒,除黄、王二子外,余二人称为思想家,当有不类。此外又有颜元其人,倡特异之学说。其学超出"宋明性理学"之范围外,直参孔孟经世之学,欲以谋天下国家之公利。然其内容,不如孔孟之为理想的,而为意志的、努力的及节用公利之点,与墨子极多类似之处。

颜元,字浑然,号习斋,直隶博野人。生于明崇祯八年(纪元一六三五）。父讳，事迹不明，然在习斋幼时，已远往辽东，且在该地再娶。习斋五十岁，曾寻访其父，有银工金某之妻，告以墓所在，祭而归。(《颜氏遗书·年谱》)其生母何时殁，不可得而考。但其幼时养于蠡县刘村朱翁家，备尝贫苦，当是事实。八岁就学，刻苦勉励，异于常人，学业因以日进。稍长，慨国事日非，因研究战守攻取之略。二十一岁时，读《通鉴》，忘寝食。二十四岁，开家塾，教子弟。初著《存知篇》(编者按：颜元所著《四存编》中只有"存性"、"存学"、"存治"、"存人"四编，合称《四存编》。)；翌年著《存性篇》；又续著《存学篇》；树立其学说之根本。后又著《存人》《存治》篇。且躬耕讲学，一世皆仰其人格。康熙四十三年殁(纪元一七〇四)，年七十岁。弟子有李塨最著。著作则有《颜氏遗书》，收在《畿辅丛书》中。此外又有合刻之《颜李遗书》。

二　实用主义

颜氏生长穷境，志气强固，行事彻底，诚有墨子当年气象。尝谓"立言，但论是非，不论异同。是则一二人之见，不可易也；非则虽千万人之所同，不随声也。岂惟千万人而已哉！虽千百年同迷之局，我辈亦当以先觉觉后觉，不可附和雷同也"。(《遗书·学问篇》)颜氏见解，与顾黄二子相同，皆有鉴于明季心学之流于放纵，欲矫其弊害，以破斥空疏之学。但黄子虽戒"王学"末流之空疏，而未尝认"王学"为非；顾子虽斥"明学"为非，而未尝攻及宋学；颜氏则不然，彼于宋之理学，明之心学，一概排斥，以为此种学问，要为纸上之空论，无益于躬行实践。孔子教人学六艺，不是口头之学，是率弟子实地练习，然后各就所得而为体验之谈，此实得之体验，即孔子之教导也。故孔子之弟子，皆能应用其学，为当时社会有用人才。若如近世之性理学，毫无体验，仅口头学问，直是佛性论之剽窃，佛家所谓幻觉之性，实一种死学，究何所益。故学宜以实用为旨，而教科则宜以《周礼》乡三物为归，如是则死学庶可变为活学。

> 仆妄谓性命之理，不可讲也；虽讲，人亦不能听也；虽听，人亦不能醒也；虽醒，人亦不能行也。所可得而共讲之，共听之，共醒之，共行之者，性命之作用，如《诗》、《书》六艺而已。即《诗》、《书》六艺，亦非徒列坐讲听，要惟一讲即教习，习至难处，来问，方再与讲，讲之功有限，习之功无已。孔子惟与弟子，今日习礼，明日习射，间有可与言性命，亦因其自悟已深，方与言。盖性命非可言传也，不特不讲而已也。(《遗书·存学篇》)

又谓程朱由理气说明性之善恶，要为根于释氏"六贼之说"而然。若孔孟之言性，则合于身而言之。盖有物斯有则，放形而言性，不自觉其陷于抽象的佛说也。彼云：

> 尧舜周孔之言性也，合身言之，故日有物有则。尧舜性之，汤武身之，尧舜率性而出，身之所行，皆性也；汤武修身以复性，据性之形以治性也。孔门后惟孟子见及此，故日"形色天性，惟圣人然后可以践形"。形，性之形也；性，形之性也；舍形则无性矣，舍性亦无形矣。(下略)(《遗

颜氏为实用主义之学者,此种批难,自是必然之结论。但彼之学说,缺于思辨,不足以破程朱之壁垒,此是其长处,亦是其短处也。《年谱》中载习斋曾习"程朱学",及南游时,与诸学者交,见人人禅子,家家虚文,直与孔门敌对。于是懔然悟程朱之学为非,以为必破一分程朱,始可近一分孔孟;乃判定程朱与孔孟,截然两途。于是脱出心斋坐忘之非,而以实践事功为学。其对于宋明性理学之反动,恰与先秦墨子对于当时儒者,忘却孔子本旨,徒拘于繁文缛礼之末节,起而一洗其弊害者正同。二人虽相去数千年,确是绝好对照,故颜氏又确是一个革新的思想家。尝谓"人之岁月精神有限,诵说中度一日,便习行中错一日,纸墨上多一分,便身世上少一分"。(《存学篇》)又谓"静闲而久爱空谈之学,必至厌事;厌事必至废事,遇事即茫然。故误人才败天下者,宋学也"。(《年谱》下)此数语即彼之中心思想。盖彼以为学必兼实用,立足于实用主义上,论旨堂堂,毫不暧昧,极类墨子而更痛切。彼以为人之认读书为学者,固非孔子之学;以读书之学解书,并非孔子之书。

孔子是主张做事,主张为做事而读书,除却做事,即无所谓学问。故其教弟子,以《周礼》大司徒乡三物为中心:一曰六德,知、仁、圣、义、忠、和。二曰六行,孝、友、睦、姻、任、恤。三曰六艺,礼、乐、射、御、书、数。而尤重六艺,务使弟子熟习其一,以养成实务人才。彼二十二岁时,为贫而学医,学成后,率弟子躬耕以自活,此点又与墨子相同。而"生存一日,当为生民办事一日"之标语,又与现代"劳动神圣,不工作则不得生活"

之社会主义之思想相同；此点亦似墨子。在此意味上，可知彼极端反对宋明思辩之学，而主张实践，是以活学代死学者也。

三　政策论

颜氏谓吾用力农事，不遑食寝，邪妄之念，亦自不起，若用十分心力，时时往天理上做，则人欲何自主哉！信乎力行近乎仁也。（《年谱》上）

颜氏重实利实行，且以劳动为神圣，故对于世之徒食懒惰者，极为厌恶。社会上贫富不均之问题，亦曾用力研究；故于社会政策，主张用周朝之制度"井田法"，及汉以后之"屯田制"。彼以为社会之病源，大多数生民之涂炭，要由于"富者兼并"而成。略述其《井田论》《屯田论》如下：

颜氏当时，富之增殖，大部分是依于地力，经济上之问题，与土地问题，关系最切。然自周代井田法破坏以来，土地变成私有制，人口相伴而繁殖，富力日趋于垄断。此反比例之所及，土地遂次第为少数之贵族富豪所兼并，社会上可憎可悲之现象，殆无法挽救；要皆由于富之兼并，及井田制破坏之故。当二千余年之前，曾虑及土地之兼并，欲复活古代井田之制，孟子曾主张之。盖土地本是天与，所谓天惠之物，决非一人所得而私有。人之初生，本赤裸裸无一物；何以小部分之人，当终身温饱荣华，而大多数之人，转呻吟于困苦穷乏之中，至于老死，此果出于天意乎？君主，民之父母也；倘一子生而为富民，他数子生而为贫民，为父母者其能坐视，而不力图改偏救正乎！为君主者如此，则其治道，犹可说合于王道顺于人情乎！故土地之私有，自当禁止，齐私田而一租税，方是正道。

> 天地间田，宜天地间人共享之，若顺彼富民之心，即
> 尽万人之产而给一人，所不厌也。王道之顺人情，固如是
> 乎！况一人而数十百顷，或数十百人而不一顷，为父母
> 者，使一子富而诸子贫可乎！……况今荒废之地，至十之
> 二三，垦而井之，移流离无告之民，给牛种而耕焉，田自更
> 余耳。（《遗书·存治篇》）

其次论及兵制，彼谓古时唐有"府兵"，明有"卫制"，然能
维持其兵力，亦惟限于创业之初；过此以后，则将只知营私，流
于偷惰；士卒等于鼠贼，临阵未遇敌，而先已鸟兽散矣。其弊
皆因兵农分立，兵士与田里，毫不相关，而爱国之精神，遂全失
矣。故当复行古之屯田制，寓兵于农。其方法则与井田制，有
密切关系；每井中抽调壮丁，于农隙时，选适当之地点，分文武
二科训练之；且使之明节义，养成有理解之兵士。其结果一可
以富国节用，二可以得爱国死敌之兵。此见解，在经济上、国防
上、兵制上，皆可为卓识。且其主张之政策，皆具体立言，与纸
上空谈者，迥异其趣。其实用经国之才，确有可表见者也。

四　结论

颜氏之学，皆是切于实用，补救宋明以来学者之缺点，一洗
社会之弊风，自是对症之药。而社会上经济上之政论，虽今日
犹占极有价值之地步。惜当时不能见诸实行，及其弟子李塨一

死,其学且至于中绝无闻,可惜也。

第二节　李塨

一　略传及著书

李塨,字恕谷,别字刚主,直隶蠡县人。生清顺治十六年（纪元一六五九）,卒雍正十一年（纪元一七三三）,年七十五。塨以父命,师事习斋,尽传其学。康熙三十九年,举于乡。习斋足不出户,不轻交一人。塨则常往来京师,广交天下贤士,如万季野、阎百诗、胡朏明、方灵皋辈,均有往还。时季野负盛名,每开讲习,列坐皆满。一日,众方请季野讲"郊社之礼"。季野则推尊恕谷,请其讲真正圣学。王昆绳才气不可一世,自与塨为友,受其感动,以五十六岁老名士,亲拜习斋之门为弟子,遂为习斋学派下有力人物。故此派虽创自习斋,实得恕谷,然后完成者也。习斋律己待人,一律严峻;恕谷则谓交友须令可亲,方能收罗人才,广济天下。习斋取与不苟,主张非其力不食;恕谷则主通功易事。习斋排斥读书;恕谷则谓礼、乐、射、御、书、数等,有时非赖考证不明,故书本上学问,亦不可废。此皆对于其师补偏救弊之处,然学术大本所在,则未尝有出入。塨有友曰郭金汤,作桐乡知县;杨勤为陕西富平县令,均先后聘塨入幕。塨曰:"学施于民物,在人犹在己也。"欣然前往,郭、杨用塨言,政教大行。但李光地,为直隶巡抚,招之不往;年羹尧开府西陲,两次来聘,皆以疾辞。习斋生平不著书,今传者惟《四书正误》、《习斋余记》并《存学》、《存性》、《存治》、《存人》四篇。恕谷亦尚躬行,不喜空文著述。晚年因问道者众,乃著《小学稽业》五卷,《大学辨业》四卷,《圣经学规纂》二卷,《论学》二卷,《周易传注》七卷,《诗经传注》八卷,《春秋传注》四卷,《论语传注》二卷,大学、中庸《传注》各一卷,《传注问》四卷,《经说》六卷,《学礼录》四卷,《学乐录》二卷,《拟太平策》一卷,《田赋考辨》、《宗庙考辨》、《禘祫考辨》各一卷,《阅史郄视》五卷,《恕谷文集》十三卷。其门人冯辰、刘调赞共纂《恕谷先生年谱》四卷。同治中,德清戴望,撮取颜李之说,为《颜李学记》。近东海徐氏,汇刻《颜李遗书》。又命其门客为颜、李《语要》各一卷,《颜李师承记》九卷。

二　学说

颜李之学,见识之高,胆量之大,古今殆未有其匹。自汉以来,二千年所有学术,均为彼所否认。彼反对读书是学问,尤反对注释古书是学问,乃至反对讲说是学问,反对明心见性是学问,如此自汉以来二千余年之学问,不几全部推翻耶!塨尝云:

> 读书久则喜静恶烦,而心则板滞迂腐;故予人以口实,曰"白面书生",曰"书生无用",曰"林间咳嗽病猕猴",世人犹谓读书可以养身心,误哉!颜先生所谓读书人率皆如妇人女子,以识则户隙窥人,以力则不能胜一匹雏也。

又云:

后世行与学离，学与政离。宋后二氏学兴，儒者浸淫其说，静坐内视，论性谈天，与孔子之言，一一乖反。至于扶危定倾，大经大法，则拱手张目，授其柄于武人俗士。当明季世，朝庙无一可倚之人，坐大司马堂，批点《左传》；敌兵临城，赋诗进讲；觉建功立名，俱是琐屑。日夜喘息著书，曰：此传世业也。卒至天下鱼烂河决，生民涂炭，乌呼！谁生厉阶哉！（《恕谷文集·与方灵皋书》）

第七章　和会儒释派

第一节　彭绍升 <small>附汪缙、罗有高</small>

一　略传及著书

当汉学风靡天下之际，学者均不肯道宋学，更不敢讲佛学。乃有彭绍升其人，竟由儒入释，不效宋儒之阳儒阴佛，直捷了当，自成和会儒释一派，不可谓非豪杰之士也。

绍升，字尺木，又字允初，法名际清，号知归子，长洲人。世为儒，父兄皆以文学官于朝。绍升年二十余，治先儒书，以明先王之道为己任，兼通晦庵、象山、阳明、梁溪之学说，治古文，出入韩李欧曾。以乾隆三十四年，成进士，选知县，不就而归。既而专心净土，尤推重莲池憨山，竭力宏扬佛教。年二十九，即断肉食。又五年，受菩萨戒，自此不近妇人。尝言志在西方，行在

《梵纲》。晚岁，屏居僧舍者十余载，日有课程，虽病不辍。卒于嘉庆元年（纪元一七九六），年五十七。

著书有《一乘决疑论》，以通儒释之阂；著《华念佛三昧论》，以释禅净之诤；又著《净土三经新论》。此外有《居士传》、《善女人传》、《净土圣贤录》，皆为世传诵。绍升之文集，专阐扬内典者，为《一行居集》；讲论外典者，为《二林居集》。

二　学行

绍升尝曰：

> 吾于观艮二卦，见圣人之心法焉。《诗》曰：穆穆文王，於缉熙敬止。缉熙者，观也；敬止者，艮也。乾知大始，其观之所从出乎！坤作成物，其艮之所自成乎！是故观艮者，乾坤之门户也。《论语》体之为学识，《中庸》标之为明诚，千圣复生，无以易此矣。"（《二林居集·读〈易〉》）

是明明以天台之止观通《易》也。又曰：

> 知至云者，外观其物，物无其物，是谓物格。内观其意，意无其意，是谓意诚。进观其心，心无其心，是谓心正。由是以身还身，以家还家，以国还国，以天下还天下，不役其心，不动于意，不淆于物，是谓身修家齐国治天下平。（《二林居集·读古本〈大学〉》）

此则以华严之理事无碍通《大学》也。绍升不但究心教理,而且笃修净土,名其居曰二林;一梁溪之东林,为高攀龙讲学之所;一庐山之东林,为释慧远结白莲社之处,莲社实我国净土开宗,故绍升托意于是,明其世间法则有取于梁溪,出世法则有取庐山也。夫自宋明以来,儒者讲学,殆无不参用佛说,而表面则又辟佛,且其所窃取者,大率禅宗,禅宗末流,大率口头参究而缺少行持,明季莲池大师(袾宏)住持云栖,欲挽其弊风,极力提倡净土之教,以实行矫正之,于是云栖之远绍庐山,一时称盛。绍升既不蹈宋明儒者之旧辙,且由儒归禅,由禅归净,提倡实行,更不蹈禅宗之旧辙;其特立独行之概,有足多者。然戴东原则极不以为然,谓其诬孔孟,亦兼诬程朱。(《东原集·答彭进士允初书》)考证家之眼光,当然如是。

汪缙,字大绅,号爱庐,休宁人。居吴,终于诸生。

罗有高,名台山,号尊闻居士,江西瑞金人,乾隆三十年举人。绍升叙《汪子文录》云"予年二十余,始有志于学,其端实自汪子大绅发之";又谓:

予之于汪子之言也,一以为创获,一以为固然,其不合者希矣。持以示人,人莫测其所谓,独罗子台山,见而识之曰:是无师智之所流也。汪子既乐与余言,及见台山而大乐,遂乐与台山言,又乐与余言台山,其言台山也,不独赞叹而已,诋诃笑谑,无不有也。其于予也亦然,时或与台山言予,诋诃笑谑,无弗有也。(《二林居集》)

是知三人为学之途径,大率相同,其交谊之深,又可想见。惟大绅卒于乾隆五十七年(纪元一七九二),年六十八。台山卒于乾隆四十四年(纪元一七七九),年四十六。皆在绍升之前。

大绅曾以《易》理,融贯净土曰:

> 众生本来成佛,必以净土为归者,何也? 则以阿弥陀佛,为万佛之师,《易》所谓大哉乾元;净土为阿弥陀佛所摄,《易》所谓至哉坤元也;乾坤合撰,万物之所以资始资生也。身土交融,众生之所以去凡入圣也。(《汪子文录·读净土三经私记叙》)

有高有云:"物之争也以我,其忘争也以无我,我也者,器之景,昧性而妄有执者也。"(《尊闻居士集》)此则有取于释氏身器之说,而其《无量寿经起信论叙》,则亦极赞净土功德。

要之此三人者,志同道合,其始皆有用世之心,后皆由儒入佛,且皆笃修净土,表里如一,其学行远过于宋明儒者之矫饰,故能自成一派,开后世居士之风,于思想上有重大影响。

第八章　公羊学派

第一节　公羊学派之渊源

清末时，勃兴一大思潮，与西洋民主思想携手，以鼓吹共和革命之精神，遂为"辛亥革命"之大动力者，厥惟"公羊学派"。此派之思想，与现今所谓"社会哲学"相类。求之于古，则墨法二家，颇多相通之处。

此学派发生之动机，最初是因于考证学之途穷，无发展之余地。学界才智之士，欲打破多年之因袭，另辟一新境地；其结果，遂发见西汉之"今文学"，再转而包容内外之民主思想，应用于实际，遂为社会革命之工具；民国共和之成功，此派之先驱鼓吹，极有关系。然革命成功之后，此学派已无人问及，盖斯学初不过一时利用之工具，宜其有此现象也。

自顾炎武、惠士奇诸人，鉴于明学之空疏，提倡考证学以来，六朝唐学之复古，渐成风尚。其中有阎若璩著《古文尚书疏证》，明断《古文尚书》为王肃伪作。学者遂并疑肃以下六朝之注疏，而信马融、郑玄之学，力求复于东汉。士奇之子栋，即是"东汉古文学"之中坚。乾隆嘉庆以来，"东汉注疏学"，达于全盛时期。研究愈进步，又发现新事实，觉此古文学，乃是刘歆媚事王莽，立为官学，而自任校纂之职者，当然不能认为足信之经典，而真正之经典，不能不求于西汉之"今文"，于是"今文学派"遂勃兴。但是西汉十四博士之今文经传，在西汉末年，已为当时流行之古文经传所压倒。今文学衰灭之原因，未必如现代公羊学派所说，全由于东汉伪古文之出现。盖西汉今文学者，率皆秦代旧儒，其思想多方士化，有神秘迷信的倾向，谓为得经传之正统，自不可能。而古文学派之大师，如服虔、马融、郑玄等，皆是一代名儒；其中如郑玄，尤为淹博；董仲舒、何休之主观的理想主义之今文派，决非其敌手。况后来晋代之杜预、王肃等，又皆承古文学之绪，西汉之经传，至此遂归埋灭。及唐孔颖达作《十三经注疏》，又悉遵东汉之古文学；一蹶不振之今文学派，仅何休注之《公羊传》，尚流行于世，保其一缕之命脉。何注虽有徐彦之为之疏，然徐疏对于何义，别无发明。何之本色，全然保存。故清代公羊学派，专力何休之注，遂于何之暗示及预言之处，感一种趣味；加以润色，欲更创一新生命，此即"公羊学派"之起源，何休之注，为此派惟一之根据。

《春秋》一书，经孔子生平之精力，笔削而成。其经传之流于后世者，有《左氏》、《公羊》、《穀梁》三种：汉初盛行《公羊》学，宣元之间，兼立《穀梁》学官，《左传》至西汉末始出世，东汉时方大行于世。《公羊传》自孔门子夏之学统，而传于公羊高,其所以盛行于西汉者,因其笔法有大一统寓尊王之意;且其"西狩获麟"之解释中,有"制春秋之义以俟后圣"之言;汉初公羊派学者,谓此圣人即指汉高祖,因而张皇其说,其书遂大行于世。《左氏传》所以流行于东汉,说者谓因此书昭公二十九年之纪事中,有帝尧之子孙刘累为御龙氏一节记事,刘氏是帝尧之后裔,由此得以证明之故。但此说未必确实,盖刘累之记事,在西汉时已有人奏闻,当时并未弃《公羊》而用《左传》,而谓东汉反因此而有变更,其说自不能成立也。以事实言,殆是学派争持之结果,优胜劣败自然之淘汰。盖西汉末古今文之争,初不仅限于《公羊》与《左氏》,其他五经全体皆如是,东汉初古文学全盛,《左氏传》之压倒《公羊传》,自是意中事也。自此以后,《公羊传》束之高阁,仅有唐朝之啖助,宋朝之孙明复,曾为之解释。(《春秋尊王发微》十二卷,孙明复著,收在《通志堂经解》中。)至清朝则因考证学兴,自惠栋一派之汉学者,经戴段二王尽力发展之后,东汉之注疏学,吸收尽净;故方向一转,武进之庄存与,遂注目及于公羊学;同县有刘逢禄,又加以发挥。彼等之主张,大致亦以为东汉古文学,是郑玄之一家言;西汉之今文学,则确有师承,源出上古,欲得先王之真精神,必于此着眼方可。且从来之考证学,惟以名物训诂为主,而于古书之大义,常忽视之;可见彼等之学,全属部分的研究;而非全体之思想。故求学之精神,当改变其方向,必以探索古书之微言大义为的,此《公羊传》之所以可贵也。此派说"公羊学"是经义主张之学,"考证学"是经义疏通之学。

于此中有当注意之问题,即"公羊学派"之主张,与《公羊传》并不相同。《公羊传》是孔门子夏之弟子公羊高所作之春秋传，其传注是东汉何休之解释，庄刘诸人，对于此传之研究，所谓公羊学派也。在理后者当附承前者，但事实上所谓"微言大义"，两无关系。详言之：《公羊传注》中，有许多奇怪之处，而《公羊传》则惟说孔子之尊王大义而止。例如隐公"元年春，王正月"，《传》文曰："王者孰谓？谓文王也；曷为先言王而后言正月？王正月也；曷言乎王正月？大一统也。"明言奉周王正朔，以示尊王大义。然何休解此传文，则谓文王是新受天命而为王，《春秋》是新受命而作王法之书，文王是假名，其实是指鲁王，如此附会，与传义殆无关涉。庄刘等又踵其说，而力求新解；存与著《春秋正辞》十三卷，逢禄著《公羊何氏释例》十卷，所谓"张三世"、"通三统"、"绌周王鲁"、"受命改制"诸义，更次第衍出。此种解释，固然在西汉董仲舒之《春秋繁露》中，已发其端；董是有名之神秘家，其说继承何休，及庄刘等之解《公羊》，亦是何休之说，与《公羊传》本身，均无关系。晚近又有龚自珍其人，与"公羊学派"以绝大影响。自珍是段玉裁之外孙，初在段处治训诂学；其才性不羁，不修细行，有诗人之风，喜今文，时引其义，以讥讽时政，排斥专制政治。且文辞瑰丽，一时初学者，大受其冲动。（有《文集》十卷，《诗词》四卷。编者按：此说法似不确，可参看《龚自珍全集》。）又有魏源，学公羊于刘逢禄，亦张其说，与龚齐名。"今文学"遂由此渐达于隆盛。

是时学者，知郑玄、马融、许慎等之"古文学"，不足以尽"汉学"；同时辑佚之学亦盛行，搜集古经说之片言只字，不遗余力，又以今文派家法，扩大其范围，研究及于他经，古今之文分野，至此遂益明显。如冯登府之《三家诗异文疏证》二卷，陈寿祺之《尚书大传注》，陈乔枞之《今文尚书经说考》三十六卷，

《尚书欧阳夏侯遗说考》一卷,《三家诗遗说考》五十卷,《齐诗翼氏学疏证》二卷,陆续出世;既攻究今文之遗说,复论其家法之异同。魏源著《诗古微》十七卷认"毛传"及"大小序",皆为晚出之伪作;又著《书古微》十二卷赞同阎若璩之说,认《古文尚书》为东晋晚出之伪作;更断言东汉马融、郑玄等之古文说,亦非孔安国所传之旧本。辞既博辨,对于古文学之攻击,为力甚大。同时邵懿辰亦著《礼经通论》一卷,谓"《仪礼》十七篇",本是足本,"《古文逸礼》三十九篇",乃刘歆之伪作。又在魏源以前,刘逢禄曾著《左氏春秋考证》二卷,谓《左氏春秋》与《晏子春秋》、《吕氏春秋》等,同一性质,所谓记事之书,并非解经之书。于是《诗》、《书》、《左氏传》、《逸礼》等,凡西汉末刘歆所力争而立学官之"古文经传",至此皆变成可疑之书。

以上,是今文家竭其研究之精力,所得之成绩,其中可取之点,固然不少。至王闿运、廖平时,其势更张,及康有为其学遂至于大成。

第二节　公羊学派之内容

据何休注公羊之例,《春秋》中有"五始"、(元者,气之始;春者,四时之始;王者,受命之始;正月者,政教之始;公即位者,一国之始)"三科"、"九旨"、"七等"、(州、国、氏、人、名、字、子)"六辅"、(公辅天子、卿辅公、大夫辅卿、士辅大夫、京师辅君、诸夏辅京师)"二类"(人事、灾异)等条例。孔子之理想,即示在此等条例中。公羊家则尤重"三科"、"九旨",奉为金科玉律。此二条孔广森在其所著《公羊通义》之叙文中,亦解释之。但与何休

之说,则全不同。现在专论何说,则其所谓"三科"、"九旨"者如下:

> 新周故宋(殷微子所封之国)以春秋当新王(鲁)是一科三旨也。(通三统之意思)所见异辞,所闻异辞,所传闻异辞,是二科六旨也。内其国而外诸夏,内诸夏而外夷狄,是三科九旨也。

何说如是,其中实只三科八旨,想何氏遗漏内外(夷夏)合一一科,兹就"公羊学"中诸要点,简单说明之如次:

(一)通三统 此思想是继承前汉董仲舒之《春秋繁露》而来,谓新王受天命,行其革命时,一面改正朔,易服色,变礼乐,以一新天下之耳目。同时封前二王之子孙,存其王号,合新王为三王。如是则谓之"通三统"。此三王再以前二代之王并合之,则称五帝。更溯而上,则称九皇。但三统之义,要专指新,旧,旧旧,三代而言;其意惟优待与新王相接近之前二代;愈溯及古,则待遇当愈薄。(《春秋繁露》中《三代改制质文篇》,崔适《春秋复始》卷九参考。)

(二)张三世 即所谓所见异辞,所闻异辞,所传闻异辞三者;其记事出于"隐公元年"、"桓公二年"、"哀公十四年"等传中。何休解释此传曰:

> 所见者,谓昭、定、哀、己与父时事也;所闻者,谓文、宣、成、襄、王父时事也;所传闻者,谓隐、桓、庄、闵、僖、高祖曾祖时事也。异辞者,见恩有厚薄,义有深浅,时恩衰义

缺，将以理人伦序人类，因制治乱之法。故于所见之世，恩己与父之臣尤深，大夫卒，有罪无罪，皆日录之，丙申，季孙隐如卒，是也。于所闻之世，王父之臣，恩少杀，大夫卒，无罪者日录，有罪者不日，略之，叔孙得臣卒，是也。于所传闻之世，高祖曾祖之臣，恩浅，大夫卒，有罪无罪，皆不日，略之也，公子益师(无罪而不日)无骇卒(有罪而不日)，是也。于所传闻之世，见治起于衰乱之中，用心尚粗粗，故内其国而外诸夏，先详内而后治外，录大略小，内小恶书，外小恶不书，大国有大夫，小国略称人，内离会书，外离会不书，是也。于所闻之世，见治升平，内诸夏而外夷狄，书外离会，小国有大夫，宣十一年秋，晋侯会狄于攒函；襄二十三年夏，邾娄、鼻我来奔，是也。至所见之世，著治大平，夷狄进至于爵，天下远近小大若一，用心尤深而详，故崇仁义，讥二名，晋魏曼多、仲孙、何忌，是也。

意谓《公羊传》对于《春秋》十二公，二百四十二年间之事之书法，全以孔子见、闻、传闻之三时代为标准，虽同一事件，而书辞各异。至于"异辞"之理由，则因君臣之恩义，依孔子之见、闻、传闻三时代之关系，有厚薄深浅之分，故记录有详有略，异辞之意义如是。

何休此种解释，得当与否？姑且不论。但"公羊学派"以此"三世异辞"之说，一转而看作社会进步之过程，诚属创见，其根本思想，亦在此点。"公羊学家"以为孔子"传闻之世"(孔子之高祖曾祖时代)，是"据乱之世"；所闻之世(祖父时代)，是"升平之世"；"所见之世"，是"太平之世"，而所以为"太平"之故，则是因孔子出世而然。此外更加入"不异内外"之说，以发挥大同之精神。是盖根据于何休之说，以为在据乱之世，内其国而外诸夏；升平之世，内诸夏而外夷狄；太平之世，则夷狄进于爵，夷夏合一，天下行一统之治，万民享平等之乐，此为孔子之社会观，理想观。孔子一生，以此太平大同之精神为始终，且本此以从事于教化。盖孔子之社会进步之法式，是由近而远，由亲而疏，远近亲疏之过程，即其社会观所由形成者也。

原来《公羊传》中，"春秋内其国而外诸夏，内诸夏而外夷狄"之言，其意不过是说春秋之书法，有此二种，与"公羊学派"之"三世说"，初无关系，要之此说类似汉世谶纬家言，不免牵强附会。例如传闻之世，虽确是"据乱之世"，然有齐桓晋文之翼戴周室，较胜于所闻所见之世。所闻之世，决不是升平，乱臣贼子，且多于前。所见之世，更不能说是"太平"，一内外统夷夏之事实，在昭、定、哀时，决不能发见，苟一读《春秋》，即知此言之无据也。

（三）绌周王鲁　见上第一节"公羊学派之渊源"内。

（四）西狩获麟　《公羊传》说："麟，仁兽也；有王者则至，无王者则不至，有以告者，曰：有麕而角者。孔子曰：孰为来哉！孰为来哉！反袂拭面，涕沾袍。"在公羊高之意，孔子此言，是叹周室衰微之意，向来治经者，亦皆如此解释。但公羊学家，则谓"世无王者而麟出现，是希望王者出现之意"。何休且谓"孔子预知汉之代秦，又知有六国之乱，及秦楚驱除之祸，民之罹害者久而泣也"。其专为汉朝立说，及囿于当时预言之思想，殆可不烦言而解。

（五）受命改制　此是说孔子虽不得在王者之位而行政事，

但以素王自任。《传》中"隐公元年春王正月"之王,即指文德之王(孔子)而言。"西狩获麟"之记事,则指孔子预知后世汉朝之当兴,于是预为之制法。《论语·为政篇》中子张与孔子之问答,及《卫灵公》篇中颜渊问为邦二条,公羊家引以为证,谓为微言大旨。然此解释之牵强附会,亦自不待说。子张问十世可知也? 孔子曰:"殷因于夏礼,所损益,可知也;周因于殷礼,所损益,可知也;其或继周者,虽百世可知也。"孔子此言,是说易姓革命之事不可免,但小处可以损益,伦理纲常之大旨,则初不可动;固无革命及改革制度之意。"公羊学派"则始终取孔子之言,从抽象方面,认作孔子之微言大旨,以为孔子是素王,是预言者,是共和革新主义之人。又说孔子不仅于《春秋》说改制,即《论语》《礼记》之记事中,亦改过周礼依殷礼。可见孔子不仅创理论的改制说,即实行之精神,亦如是也。

(六)春秋大九世之仇 此思想在清末革命,揭兴汉排满之大旆,有绝大影响。其来由则出于庄公四年,齐襄公吞灭纪国一条。此条在经文中:书"纪侯大去其国",于齐未说灭,于纪未说奔。于是《左传》解之为"纪为齐附庸,而奉其社稷,故不曰灭;不见迫逐,故不曰奔;大去,不返之辞也"。《公羊传》则解之曰:"纪侯大去其国,大去者灭也;孰灭之,齐灭之? 曷为不言齐灭之? 为襄公讳也;《春秋》为贤者讳。"至于襄公何以得称贤? 则因其九世祖哀公,曾被纪侯之先祖进谗言,见杀于周。襄公此次灭纪,因为复九世之仇之故。故孔子于《春秋》不书灭,寓赞美襄公之意。谓此种复仇,正是春秋之大义,于是兴汉排满,恰好借题发挥,揭为标帜,士气大为鼓舞,结果遂使清朝退位,革命成功。此思想与其所主张"孔子大同主义"之精神,当根本不相容。今民国要以五族四万万同胞组织之,此思想当然不能适用而消灭矣。

以上是"公羊学派"之大略。大概是推衍孔子"仁"之精神,将自来无人注意之汉族民主大同之说,尽量发挥之。然在学理上,理论与材料,未能十分精炼;主观的独断,与谶纬的强辨极多。若加以科学的精密分析,则其说立见破绽。然此派主张之结果,孔子之真精神,提出不少。数千年来,孔子完全为专制君主所利用,"孔学"变成帝王万世之法,现在则面目一新,表现出孔子之全体,并显出孔子确为世界的伟人,当是此派之大功。

第三节 康有为

一 略传及著书

公羊学渐次发展,经王闿运、廖平至于康有为时,其思想次第实际化。有为想取孔子大同主义之精神,精密而实证之,于《公羊传》外,更摭拾《礼记》《孟子》《论语》中之文,以求充实。谓孔子是怀抱太平大同理想之世界伟人,其在世时,未能实行其改革,因彼是素王手无实权之故。否则必早已断行社会革命,可无疑义。继孔子之正统,具述民主共和之精神者,无过于孟子。孟子书中,以民贼、独夫、授田分产诸义,发挥大同之精神;至于荀子,则严君臣上下之分,要为小儒之魁。然孟子民主的言论,或有感于当时君主之自利主义而发;康氏一派,则利用之以为变法自强社会革命之理想,欲借此出于直接行动。其弟子陈千秋、梁启超等,则又取最足表现孟子之精神者,如黄宗羲之《明夷待访录》秘密翻印,鼓动天下。后与唐才常等,举义旗于武汉,虽遭失败,实为后来革命之导火线。

公羊学派诸子之目的,既利用此学为鼓吹社会革命之手段,故其学理,不甚充分,且多偏于主观。如欲求永远之价值,则斯学尚宜加以整理方可。

康有为,字广夏,号长素,广东南海人,清文宗咸丰八年(纪元一八五八)生,民国十六年殁(纪元一九二七)。初生时,清室已渐陵夷,绵延十五年之太平天国战争,虽幸得归平定;而生灵之涂炭,财产之损失,则已不可胜数。此战事平定时,有为方七岁,欧洲列强之压迫,日渐紧急;既生于此时代,加以广东南海地方,早与外人接触,人民又富于进取心,康氏在此环境中,自有特殊之表见。

康氏早注目及于西欧之文明。当时欧洲宣教师,所译政治法律方面之书,既有玩读之机会,因此为椊进世界潮流之第一人。又抱非凡之文才,及明快畅达之笔,披沥此种新思想,能使毫无遗憾,天下人心,宜乎大为所鼓舞。

且论列时事,极其痛快。光绪十五年(纪元一八八九),年三十一,以诸生伏阙上书,耸动天下。其时清廷顽固保守,以其改革案,为书生之呓语。康氏于是悄然归故里,开万木草堂学塾,以熏陶学生为事。弟子中如陈千秋、梁启超等,皆有才干,文章见识咸卓出,于是渐为世人所注目。不久中日战事又发生,一败涂地,举国失色,而有为之先见,乃成事实。于是二次上书,有名之《变法自强策》,即是此次所作。(前后六次上书,称为公车上书,但此第二次之上书,最为重大。)

因康氏之上书,光绪帝及左右之进步派,始认其《变法自强策》为重要。光绪二十四年,又值德人占领胶州湾,瓜分之势且成。于是帝召见之,询以天下大计及变法策。康氏感帝之知遇,慷慨以天下自任。惜其谋为袁世凯所泄,入于西太后之耳,保守派复从而挤之,于是全归失败。帝被幽于瀛台,康氏仅以身免,逃至日本。彼之政治的生命,从此终了,而经国之精神,反因此传播,全国有志之士,皆认革新之必要。康氏虽抱太平大同之理想,而于现代,则认为小康之世,尚不可倡大同;苟早倡之,上下必至于纷乱,不可收拾。彼之见解如此,故于"张三世"之解释,与其他"公羊学派",亦稍有不同。其言曰:"凡世有进化,仁有轨道,世之仁有大小,即轨道大小,未至其时,不可强为,孔子非不欲在据乱之世,遽行平等大同戒杀之义,而实不能强也。可行者,乃谓之道,故立此三等,以待世之进化焉。一世之中,又有三世;据乱之中有太平,太平之中有据乱;如仅识族制亲亲,据乱之据乱也;内其国,则据乱之太平矣;中国夷狄如一,太平之据乱也;众生若一,太平之太平也。一世之中有三世,故可推为九世,又可推为八十一世,以至无穷。"(《孟子微》卷一)康氏盖以社会进化之过程,由三世而九世,由九世而八十一世,以进展至于无穷。于其间不容时间之飞跃、躐等之改革。此点与急进派梁谭诸子,大异其趣。然其主张,如梁氏评为"性格奇矫,立言矛盾"所致,则亦不尽然。彼之意,要为现代是小康之世,虚器不妨与清朝,止求能行民本的立宪政治可矣。

所著书有《新学伪经考》十四卷、《孟子微》二卷、《春秋笔削大义微言考》十六卷、《孔子改制考》二十一卷。其他未刊书中尚有《春秋公羊传注》、《大同书》、《孟子大义述》等。

二　社会进化论

闻康氏初学于朱九江,好读《周礼》。后见廖平之著作,始着手研究公羊之大同学。廖平,四川井研人,为王闿运之弟子,其关于今文学方面之著述甚富,有《四益馆经学丛书》行于世。

《新学伪经考》、《春秋笔削大义微言考》、《孟子微》等,是表见康氏学说基础之书,又是彼整理旧学之作。而《大同书》,则为彼之创说,是代表康氏建设方面之作,所以阐明其理想者也。

康氏叙其《伪经考》之表题曰:

> 夫古学所以得名者,以诸经之出于孔壁,写以古文也。夫孔壁既虚,古文亦赝伪而已矣,何古之云?后汉之时,学分古今,既托于孔壁,自以古为尊,此刘歆所以售其欺伪者也。今罪人斯得,旧案肃清,必也正名,无使乱实。歆既饰经佐篡,身为新臣,则经为新学,名义之正,复何辞焉。(《伪经考》卷一)

康氏以如此抱负,乃作“《秦汉六经未尝亡缺考》”以下十四篇,以堂堂正正之词,证明西汉末刘歆力争而立博士官之《周礼》、《逸礼》、《左传》及《诗毛传》为伪书,每篇附以案语,加以批判。撮其要点:则谓“秦之焚书,未及六经,汉十四博士之所传,皆孔门足本,曾无残缺。西汉之经学,初无古文;其文字,均是秦汉通用之篆书,故经初无今古文之别。但古文学,则以蝌蚪字书之,其伪自足证明。刘歆为弥缝自己作伪之迹,于校理秘书时,曾羼乱一切古书,欲以湮没孔子微言大义之旨,所以绝不足取"。并用该博之考证,以树立其说。(此说未免过于穿凿,刘歆当时,或是得一种善本,因欲取信于人,故托名为古学,此是汉人常用之法)然不拘泥于向来考证家注意一言一句及文章之末节,务扩其眼界,以取得儒教之真精神。故其立说,已超越于考证之外形问题,求得内容的根本所在,此功亦不可殁也。

著此书时,其高弟陈千秋、梁启超等,曾涉躐过考证学之人,亦参预之。诸子于书中引例,颇想取一切暧昧之史实,删削之,然康氏主观极强,不采用诸子之意见而博引谶纬家之言,遂犯考证学之大忌,价值因之减损。(梁氏有此说)

继《伪经考》而出版者,是《孔子改制考》。此书证明孔子以素王之身,行改制之事实。关于此点,在六经中独尊《易经》与《春秋》,谓孔子之微言大旨,全在此二书。前者是灵界之书,后者是人界之书,所谓至广大而尽精微,极高明而道中庸者。《春秋》尤为孔子所立之宪法案,孔子盖自立一宗,依其理想,进退古人,取舍古籍,决非如后人所想像,仅为编述之作。例如尧舜之盛德大业,是孔子理想上之人格;若真有尧舜其人,其人格决不如经典所载之完全,要为孔子之理想化;如老子之托于黄帝,墨子之托于大禹,许行之托于神农,皆各人拟一理想人物,托诸古人,以立其学说者也。盖孔子亦沿古来之风习,托尧舜为名以行其改制之实者。《上古茫昧无稽考》、《周末诸子并创教考》、《诸子创教改制考》等二十篇中,尽力证明此说。谓孔子为改革者、改制者之一流人,较一般公羊学者,专从抽象方面寻线索者,根据大为确实。又称孔子改制之精神,是"上掩百世下掩百世"社会进步之铁案。且演绎"张三世"说,以为人类进步之过程,愈改革则愈进化。既证明此原则,因取夏、殷、周三代不同之制度,细加考证,而结论其所以不同之理由,要因于时代而然。又说时代进化之过程,虽是循环的;但立于时世之某过程上,为进化动机所迫促,无论如何,不能免于改革;据以上之学理,彼之政治社会之改革案,遂完全确立。其结果尊孔子为"素王",为"教主",且欲以其大同之精神,统一国民精神,以期社会革新之实现。彼以孔子为宗教上之教主,杂引谶纬之言,以实证其说;孔子至此,遂成为神秘化矣。

以上是康氏学说之基础方面,由此基础创出之社会观,则为《大同书》。

《大同书》是康氏从学于朱次琦,毕业之后,独居西樵山两年,专研《公羊》,冥心思索,依其旨义,而创造之新学说。即以《春秋》"三世说"嵌入《礼记·礼运篇》之"天道说"中,引伸其义而成。以《公羊》说之"升平世"配《礼运篇》之"小康",《公羊》说之"太平世",配《礼运篇》之"大同",至于《礼运篇》之大道大同说如下:

> 大道之行也,天下为公,选贤与能,讲信修睦。故人不独亲其亲,不独子其子,使老有所终,壮有所用,幼有所长,矜寡孤独废疾者,皆有所养,男有分,女有归。货恶其弃于地也,不必藏于己;力恶其不出于身也,不必为己。是故谋闭而不兴,盗窃乱贼而不作,故外户而不闭,是谓大同。今大道既隐,天下为家;各亲其亲,各子其子;货力为己;大人世及以为礼。城郭沟池以为固,礼义以为纪:以正君臣,以笃父子,以睦兄弟,以和夫妇;以设制度,以立田里;以贤勇知,以功为己。故谋用是作,而兵由此起。禹汤文

武成王周公，由此其选也；此六君子者，未有不谨于礼者
也；以著其义，以考其信，著有过，刑（同型）仁讲让，示民
有常。如有不由此者，在执（同势）者去，众以为殃。是谓
小康。（《礼记》卷九）

读此记事，可以知太古之世，别无所谓私有财产，因而无彼
我区别，所以为"大同之世"。至禹汤文武成王周公六君子时，
始设彼我之差别，立财产私有之制，而制之以礼。故仁让，义
信，非常重要，不由此道，虽帝王亦应去位，以免众人之殃；此
时代则称为"小康之世"。至于孔子之理想，则在"大同太平之
世"。如现代所谓民治主义，儿童公育，老病保险诸问题，以及
劳动神圣，共产主义，无政府主义等之萌芽，皆含藏于其中。而
康氏则更引《公羊》之"三世说"，以作解释。以为正君臣父子
之别，严夫妇长幼之序，是孔子之小乘方面；而大同之世，则其
大乘方面；其精神，其理想，其教义，全在于此。

于是发挥孔子大同之精神，而定社会改造之方法手段，其
纲目如次：

一　无国家，全世界分若干区域，而置一总政府。

二　总政府及区政府，皆由民选。

三　无家族，男女同栖，不得逾一年，届期须易人。

四　妇女妊娠时，入胎教院，产儿入育婴院。

五　按儿童之年龄，入蒙养院，以及各级学校。

六　成年后，依政府之指派，分任农工等生产事业。

七　有病则入养病院，老则入养老院。

八　各区胎教、育婴、蒙养、养病、养老诸院，设备皆期于最

完全,使入其中者,皆享最高之娱乐。

　　九　成年男女,须若干年间,服役于此诸院,恰如现在世界各国之壮丁,皆当服兵役一样。

　　十　设公共宿舍,公共食堂,其中又设等级,使各按劳作所入,自由享用。

　　十一　以最严之刑罚,惊戒懒惰。

　　十二　有学术上之新发明,或在上五院中有特别劳绩之人,得受殊赏。

　　十三　死则火葬,火葬场之附近,则设肥料工厂。(据梁启超著《清代学术概论》)

　　《大同书》之梗概如是,全书数十万言,于人生苦乐之根源,善恶之标准,说得至为详密。梁氏又说,此书最大关键,是废灭国家制度,家族制度,及撤废私有财产,而以相互扶助,一视同仁为精神,所以说"佛法出家,求脱苦也,然不如无家之可出"。又曰:"私有财产,争乱之源也;无家族,谁复乐于私产? 而国家则又必随家族而消灭者也。"康氏之主张与理想如是,内容虽与现代共产主义所言,不甚相殊。然三十余年前,中国尚未发生此种思想;康氏此书,为融合儒道墨三家之汉代学者之著作,其创造力真可谓丰富者已。

三　结论

　　康氏极端扩张孔子之仁道,其结果使孔子之社会观,变成世界的。自来小儒之偏见,被其订证之处甚多。但是阐明孔子之理想时,资料取舍上,有"虽罹惩误亦所不辞"之嫌。彼取之于传文,取之于后人杂纂之《礼记》,又取汉代思想特产之谶纬学,其舛驳之处,难免人之评议。例如《礼记》之《礼运篇》之大同说,明是汉代学者所为,综合老儒墨三家思想而成。孔子之思想,全表现于《论语》之中,常梦周公而不忘,叹美其政事。乃康氏不之取,反以孔子为去礼仪,舍人为,爱平等,说太平道之人。谓其是创说,自是另一问题;否则史实昭然,其说不甚可信。据吾人所见,《礼运篇》大同之精神,当是依据老子"无为之治"及墨子"兼爱"之说而成者,从墨子书中引一条以为例,当可以明白。

> 昔文王之治西土,若日若月,乍光于四方;于西土,不为大国侮小国,不为众庶侮鳏寡,不为暴势夺穑人黍稷狗彘。天屑临文王慈,是以老而无子者,有所得终其寿;连(同鳏)独无兄弟者,有所杂于生人之间;少失其父母者,有所放依而长。(《兼爱中》篇)

墨子借文王之事迹,述其兼爱思想如是;则《礼运》一篇,是同一系统之思想。以此为孔子之本来面目。康氏之强辨,在所不免。要之康氏富于独创,其立言则流于独断与附会,是其缺点也。

第四节 谭嗣同

一 略传及著书

与康梁诸子,同唱变法改制之说,勇往迈进,耸动天下,且以身殉其主义者,厥维谭浏阳。其生如流星,其死甚壮烈,天下志士为所鼓舞,革命之大业,被其播种。

谭嗣同,字复生,号壮飞,湖南浏阳人。生于清穆宗同治四年(纪元一八六五)。父继洵,湖北巡抚,母徐夫人。复生十二岁,即丧母,为父妾所苦,幼时备尝艰辛;然已倜傥有大志,遍涉群籍,以穷其理;又擅文才;且好任侠,喜剑术。弱冠从军新疆,参巡抚刘锦棠幕府,刘大奇其才。其后十年间,往来于直隶、甘肃、新疆、陕西、河南、湖南、江苏、安徽、浙江、台湾诸地,遍交名士,见闻益广。光绪二十一年,三十一岁,访康南海于北平,以南海归广东,不遇,因见梁启超,得闻南海讲学宗旨,及经世之条理,大为倾倒。翌年依父命,就候补知府职,利其闲暇,学佛学于金陵居士杨文会,更大受佛教之影响。已而应湖南巡抚陈宝箴之招,至长沙。时正创办时务学堂,以梁氏主讲席,彼参与其间,与同志黄遵宪、熊希龄、唐才常等,设"南学会"。讲习之余,论究新政,且远及世界各国大势,三湘士风,为之一变。洞庭湖畔,涌起一种澎湃之爱国精神,如李柄寰、林圭、范源廉、蔡锷等,皆时务学堂高才生也。光绪二十四年,帝有革新以定国是之意,召之,遂参新政。然其谋不成,袁世凯外和内叛,帝囚瀛台,南海逃于日本,复生慷慨决心,以为改革必流血,流血者请自我始,遂从容就义,临刑神色自若。著有《仁学》二卷、《文集》三卷、《诗集》一卷、《争议》二卷,收在《全集》中。《仁学》则为其根本思想所在。

二 学说

从《年谱》及其他记事推察之，《仁学》当是彼三十三岁至三十四岁，在长沙时所著。《仁学》之内容，则在卷首《仁学界说》二十七则内说明之。仁是心之体，其本质至善，寂然不动，感而遂通天下之故。仁即是良心，其所本为天理天道，所以生灭，俱为平等。

彼以此仁心为根据，一切社会人类政治道德宗教诸问题，概包含于仁学之下。而于孔子之大同精神，佛耶之慈悲博爱，孟子之君民对立，庄子之绝对自由，乃至法兰西之大革命精神，胥认为仁心之体现；而与此精神相背者，即为异端为邪说。

其论政治，则谓"君统盛，唐虞之后，无可观之政；孔教亡，三代之下，无可读之书"。（《仁学》下）而于黄宗羲之《明夷待访录》，及王船山之《遗书》，则以为近于孔子之意。因为黄之思想，渊源于陆王，王之思想，渊源于周张；而陆王周张，皆出于孟子之学系也。至于程朱及顾炎武之流，乃出荀子之学系，惟知以君权为重之俗儒，鄙不足道。论及君主问题，则曰：

> 生民之初，本无所谓君臣，则皆民也；民不能相治，亦不暇治，于是共举一人为君。夫曰共举之，则非君择民，而民择君也；夫曰共举之，则其分际，又非甚远于民，而不下侪于民也；夫曰共举之，则因有民而后有君，君末也，民本也；天下无有因末而累及本者，亦岂可因君而累及民哉！夫曰共举之，则且必可共废之；君也者，为民办事者也；臣

也者,助办民事者也。(《仁学》下)

谭氏用民主思想,取古来君民关系颠倒之原因,说得非常详细,认君权之扩张,全由于历史的因袭,及曲学小儒阿附君主之结果。历代之君主,俱是绞民之膏血,竭天下之财物,淫杀天下之美女之独夫;而所谓忠臣者,则为助此种桀纣为虐之鼠辈。然世人犹引为尊贵,用作名教之南针,其愚诚不可及。其中更涉及满洲朝廷,谓其地为秽土,其人为膻种,其俗为胡风;除以武力蹂躏中原之文化外,实毫无何等能力之蛮民。而我华人,对于此种蛮族君主,犹跪拜叩头,尽天下之产,以供其用,而著成其淫杀昏暴,果为何事? 如此否定君臣之关系,更以民主共和之政治,为天意天命之所存。政治之原理与精神,要当立脚于万人相互平等之上,以图其共荣共存。此是彼之社会观,亦即其学说之根本。

其次以人类平等爱之精神,批判五伦之内容。谓义、亲、别、序之四伦,乃违反乎平等爱之精神;此四种道德之发生,是强者长者为一己之自利上所捏造之伦道,用以压迫弱者幼者。故欲立真合天意之纯粹道德,当离于自利而出于无私的动机方可。盖利害关系,是相对的,徒恃君、父、长、贵以压迫臣、子、幼、贱以遂其非之道德,此不足云道德。故孔子亦谓"君君,臣臣,父父,子子",正是说相对主义之伦道。佛耶两圣,其成道之第一步工夫,首在取此自利的四伦破弃之。三圣所共尊之伦道,止有朋友之一伦;此一伦是万人共通不可不行之大道。(《仁学》下)

此是彼道德论之根本,从彼之人心为仁,人性为善之思想所发生。

如此又一转而及于人种国际之问题，则云：欧西白人，仅赖科学一日之长，对于异种，始终逞其鸱枭之欲，虐使其民，以为当然。此不过囿于个人的差别观上之利己心，不知人类平等爱之真理之所致。故本于吾人纯真之思想，不可不力辟外人之物质的利己的迷心，而并采东西文化之长，致万国于平等之太平。此伟大之思想，即《仁学》之根本精神也。

三　结论

谭氏之本领，本在政治，思索方面，是其余力所及，此实时势有以造成之，而其天才，则确是富有思想之人也。彼初好物理学、数学等，继则受种种思想之影响，而尚未达纯熟之域，故立论不免驳杂。但在彼之时代，以彼之年龄，即能直观东西人种之长短，且图东西思想之融合，其慧眼及直觉力之强，真可惊叹。倘能卒其天年，其发展当未可限量。

第五节　梁启超

一　略传及著书

梁启超，字卓如，号任公，广东新会人，生于清穆宗同治十二年（纪元一八七三），父名宝瑛，布衣教授终身。启超四五岁时，母氏即授以《四子书》及《诗经》。六岁，父教之，即毕《五经》。九岁，能作文，援笔千言立就。十二岁，补县学生，而父教督极严，一言一动，不少假借，常斥之曰："汝自视乃如常儿乎！"启超终身诵之。后入广州学海堂，治戴、段、二王之学。十七岁，乡试中式。主考李瑞芬，诧为奇才，以其女弟妻之。翌年康有为以布衣上书，不纳。归里，开万木草堂。启超因陈千秋往谒之，一见大服，遂执弟子礼，从学三年。光绪二十年，甲午，中日战起，我国海陆军皆败。时启超客北平，与当时知名之士，提倡变法自强。既而康有为在北平创强学会，启超任会中书记。会事中辍，乃赴上海，主撰《时务报》，著《变法通议》，刊布报端，持论锋锐畅达，唤起国人之注意。丁酉，至湖南，主《时务学堂》讲席，以《民权论》教诸生，多所成就，武则蔡锷，文则范源廉，其尤著也。戊戌，侍郎徐致靖，疏荐启超才可大用。德宗召见之，命办大学堂译书局事务。时德宗锐志维新，信用康有为，启超与谭嗣同、杨深秀、康广仁、林旭、杨锐、刘光第等，均以京卿，参预政务。下令变法，天下耳目一新。在朝顽旧大臣，反对极烈，密奏于西太后，遂兴大狱，谭嗣同等六人，皆被杀，所谓"戊戌六君子"也。康有为得英人保护，获免。启超乘大岛兵舰，遁日本。自是居东凡十四年，仍办杂志，宣扬变法革新之主张，先后揭载于《清议》、《新民国风》、《新小说》诸报，及《新大陆游记》，国内人士，皆靡然向风焉。迨民国成立三年，熊希龄组阁，启超任司法总长，旋改币制局总裁。迨袁氏谋称帝，启超著《异哉所谓国体问题者》一文，正拟发布，袁氏知之，使人以十万金为其父寿，乞取消是文；启超拒之；因与蔡锷密筹倒袁之策。锷潜返云南，举讨袁义旗。启超则至两粤，辅佐陆荣廷，宣告独立。袁氏遂饮恨以死。此所谓护国之役也。六年，段祺瑞组阁，启超任财政总长。时欧战方酣，启超主张加入协约国，对德奥宣战,改进我国国际地位。欧战告终,启超出游欧洲,所至以中国历来受强邻压迫情状,诉诸世界舆论,著《欧游心影录》记其事。九年,归国。遂不复与闻国政,专以著述讲学为事;任清华学校研究院导师,有终焉之志。曾患便血症,历久而剧,犹扶病著书不辍。十九年(纪元一九三〇),一月,病殁于北平协和医院。年五十有六。所著书,中年类多报章言论,故前后不免矛盾;启超亦自言今日之我,与昨日之我挑战,盖言论随时势为转移,不足怪也。此等文字辑录为《饮冰室文集》。晚年所著,乃纯粹为研究学术之书,有《墨子学案》、《墨经校释》、《清代学术概论》、《先秦政治思想史》、《历史研究法》、《广历史研究法》、《中国近三百年学术史》、《汉书艺文志诸子略考释》、《古书真伪及其年代》、《朱舜水年谱》、《辛稼轩年谱》、《桃花扇传奇考证》等。

二 人生观

梁氏身经患难,逋逃海外,然生平常抱乐观,绝对不作消极态度。迨卧病将死,犹强起侧坐,草成《辛稼轩年谱》。此其人生观之透切,实梁氏一生大受用处,亦其学问事功之出发点也。梁氏尝云:

> 我见我国若全世界过去之圣哲,皆有其不死者存;我见我国若全世界过去之豪杰,皆有其不死者存;我见我国若全世界过去亿兆京垓无量数不可思议之人类,无论智愚贤不肖,皆有其不死者存。……无论为宗教家,为哲理家,

为实行教育家,其持论无论若何差异,而其究竟,必有相同之点,曰:"人死而有不死者存"是已。此不死之物,或名之为灵魂,或不名之为灵魂,或语其一局部,或语其全体,实则所指同而所名不同,或所证同而所修不同,此辩争之所由起也。吾今欲假名此物,不举其局义,而举其遍义,故不名曰灵魂,而名曰精神;精神之界说明,然后死学可得而讲也。(《饮冰室文集》卷四十四《余之生死观》,编者按:此文应在《文集》卷十七)

由上数语观之,梁氏之人生观,已可得其梗概。彼盖深信人生虽幻,而人死而有不死之精神存在,故一生奋斗,至死不倦,皆以此思想为基础。此不死之精神状态,究如何?梁氏又云:

佛说以为一切众生,自无始来,有"真如"、"无明"之二种性,在于识藏。而此无明,相熏相习,其业力总体,演为器世间,是即世界也。其个体演为有情世间,即人类及其他六道众生也。以今义释之,则全世界者,全世界人类心理所造成;一社会者,一社会人之心理所造成;个人者,又个人之心理所造成也。佛说一切万象,悉皆无常,刹那生灭,去而不留;独于其中有一物焉,因果连续,一能生他,他复生一,前波后波,相续不断,而此一物,名曰羯磨(译名,其义为作业。)……于是乎有因果之律,谓凡造一业,必食其报,无所逃避。人之肉身,所含原质,一死之后,还归四大,固无论已;就其生前,亦既刻刻变易,如川逝水,今日之我,已非故吾,方见为新,交臂已故。……故夫一生数十年间,至幻无常,无可留恋,无可宝贵,其事甚明。而我现在所有行为,此行为者,语其现象,虽复乍起即灭,若无所留,而其性格,常住不灭,因果相续,为我一身及我同类将来生活一切基础。……是故今日我辈一举一动,一言一语,一感一想,而其影象,直刻入此羯磨总体之中,永不消灭。将来我身及我同类,受其影响而食其报。(同上)

又云:

我之躯壳,共知必死,且岁月日时,刹那刹那,夫既已死,而我乃从而宝贵之,罄吾心力以为彼谋,愚之愚也。譬之罄吾财产之总额,以庄严轮奂一宿之逆旅,愚之愚也。我所庄严者,当在吾本家;逆旅者何? 躯壳是已;本家者何? 精神是已。……夫使在精神与躯壳可以两全之时也,则无取夫戕之,固也;而所以养之者,其轻重大小,既当严辨焉。若夫不能两全之时,则宁死其可死者,而毋死其不可死者。死其不可死者,名曰心死。君子曰哀莫大于心死。(同上)

是知梁氏所谓精神不死,实深有得于佛家之教,故能出入生死,而处之泰然。然梁氏虽沉浸于佛说,而于佛教出世之意味,则不受丝毫影响,而纯然为入世主义之学者也。至其所以能取佛氏出世之说,而构成入世的人生观,根本上固然是承受儒家之实用主义,然亦受西洋学说之影响而然。兹引其评德儒《菲斯的人生天职论》(《饮冰室文集》卷五十二,编者按:此文应在《文集》卷三十二）之语如下：

> 吾身曷为而生于天地间耶？吾倦焉孳孳，蚤作夜思，
> 以度此数十寒暑，果何所求而何所得耶？此大疑问者，吾
> 侪盖久已习焉忘之；虽然，此安可忘者。……此一疑问，实
> 千万年来人类公共未能解决之最大疑问也。……菲斯的之
> 《人生天职论》，即思所以解决此问题；其解决之必为正
> 当与否，吾不敢言，吾信其可以供吾侪之受用而已。……
> 孔子曰："古之学者为己"，自来解释此语者，言人人殊，而
> 菲斯的之说，实能发明之。菲氏谓：吾侪欲自知其天职之
> 所在。则有一义焉，首当确信者，曰：我曷为生？我为我
> 而生；我曷得存？我为我而存；我曷为勤动？我为我而勤
> 动；故人类一切责任，更无所谓对世责任，所有者，唯对我
> 责任而已。所谓我者，有理性之我，有感觉之我，理性为人
> 类所独有，感觉则与其他生物同之，故得名为真我者，唯此
> 理性而已。……故自理性一面言之，其本质诚圆融无碍；
> 就感觉一面言之，则缘受外界种种影响，恒复杂矛盾而不
> 相容；而人类既以有理性为其特征，是宜勿以感觉之我，减
> 理性之我。……以我之良知，别择事理；以我之良能，决定
> 行为。……若是谓之自由意志，谓之独立精神，一切道德
> 律，皆导源于是。我对于我之责任，任此而已。

梁氏评论之云："菲氏所说，与中外诸古哲之教，若无甚异
同；而其最鞭辟近里之点，则一曰尊我，二曰体物。盖诸哲言道
德之本原，多谓有超乎人类以外者，以为之宰，或称天命，或明

自然。……而菲氏之意，则谓即我即天，惟我宜宰制自然，而自然不能宰制我，此其鞭辟人类自重自觉之精神，至有力也。诸哲言修养者，恒以捍物欲为入手之条件；菲氏虽亦不废斯义，然其意以为物欲之利害参平，与其言捍制，毋宁言利用，毋宁言调和；故其为道，既不流于纵，亦不失于觳觫，此其特征也。前哲言修养者，多以主静立极为根本义，我国宋元以后儒者，益畅斯旨；盖以静为吾性之本体，而动乃其病态，《乐记》所谓人生而静，天之性也；感于物而动，性之欲也。菲氏之说，则谓性乃生物而非死物，故以生生蕃动，为其本来，与《大易》行健不息，《中庸》至诚无息之义相契；故其所标道德律，绝对持进取主义，而不陷于退撄主义，此又其特征也。"梁氏对于菲氏学说，可谓推崇之至。综梁氏　生，无时不持进取主义；实与菲氏.之说，处处吻合。可见梁氏之人生观，乃合儒佛之长，而兼承受西方学说者也。

三　社会观

梁氏受严复所译《群学肄言》等书之影响，曾作《说群》一文，登载《时务报》。于个人不能离开人群而独立之理，发挥透切；迄时颇能唤起国人对于社会之认识。梁氏一生服务社会之热诚，亦确能言之而能实践之。尝云：

> 生命分为两界，一曰物质界，二曰非物质界；物质界属于么匿体，个人自私之；非物质界属于拓都体，人人公有之。而拓都体复有大小焉；大拓都通于无量数大千世

界,小拓都则家家而有之,族族而有之,国国而有之,社会
社会而有之。拓都不死,故吾人之生命,其隶属于最大拓
都者皆不死,即隶属于次大又次大乃至最小之拓都者皆不
死。……故死者吾辈之个体也;不死者吾辈之群体也。
(《余之生死观》,《饮冰室文集》卷四十四。编者按:此文应在
《文集》卷十七)

梁氏认定吾人个体有死,而群体终不死;我身之在我群,为
组成群体之分子;犹之血轮等,为组成我身之分子;血轮必且
随时变迁,新陈代谢,以个体之死,期有利于我身;故我身对于
我群,亦应生生灭灭,以个体之死,期有利于我群,此人类进化
之原则也。此其社会观,颇觉真切;惟其如此,吾人对于社会,
自有其天则存焉。故又尝引菲斯的之说云:

凡人必与其同类,营共同生活,此正所以自完其本性
之作用,实我对于我之一种义务也。……吾人理性之圆满,
实现为人类最高之理想,但使人人能向此理想以进行,则
理想之成为事实也,自日近。……理想之本质,固万人同一
者也;然其程度,则千差万别,人人各以自己所怀之理想之
程度,以律他人;见他人程度不如我者,恒欲诱而进之,使
与我同化;则不知不觉之间,社会自日迁于善,吾侪对于社
会之天职,莫此为大矣。

四　政治观

梁氏生平所发之议论,关于政治方面者,殆居十之五六,彼之政见,自始即与革命党立于反对地位。革命党主种族革命,彼则主张政治革命;革命党主共和政体,彼则因人民程度太低,主必先经过开明专制,再进乎君主立宪。当梁氏遁迹日本,办理《新民丛报》时,革命党亦办《民报》,双方论锋交战,亘半载而不息,以致国内向日之信仰梁氏者,亦疑梁氏带有保皇党臭味,故反对种族革命,反对共和政体,渐次失其信仰;甚或加以唾骂。然梁氏深知国民程度不及,本其研究之学理,始终持论不移。迨辛亥革命告或,彼犹主张虚君共和之制以调剂之。而袁氏称帝时,梁氏之议论,则以为君主之招牌,既已投之粪秽,决不可重行竖起,乃积极反对之,可知梁氏之政论,在学理方面,实有见到之处,不能谓为绝无价值也。其所著《开明专制论》有云:

> 中国今日,固号称专制君主国也;于此而欲易以共和立宪制,则必先以革命,然革命决非能得共和而反以得专制。……故持革命论者,如其假共和立宪之美名,以为护符,毋宁简易直捷以号于众曰:吾欲为刘邦,吾欲为朱元璋,则吾犹壮其志,服其胆,而喜其主义之可以一贯也。而必曰共和焉,共和焉,苟非欺人,必其未尝学问者也。

梁氏更引德人波仑哈克之说,以为证明。

波氏曰：共和国者，于人民之上，别无独立之国权者也；故调和各种利害之责任，不得不还求之于人民自己之中。必无使甲之利害，能强压乙之利害，常克互相平等，而自保其权衡；若此者惟富于自治性质，常肯裁抑党见以伸公益之国民，始能行之。若夫数百年卵翼于专制政体之人民，既乏自治之习惯，又不识团体之公益；惟知持各人主义，以各营其私；其在此等之国，破此权衡也最易；既破之后，而欲人民以自力调和平复之，必不可得之数也。其极也，社会险象叠出，民无宁岁，终不得不举其政治上之自由，更委诸一人之手，而自帖耳复为其奴隶，此则民主专制政体之所由生也。（《饮冰室文集》卷二十九，编者按：此文应在《文集》卷十八）

梁氏此论，原文极长，兹不过举其一节。在今日视之，似其论已极陈旧，不适于时代潮流，然其文中所指国民程度未及格，勉强采用共和制之流弊，民国二十年来，一一见诸事实，若烛照数计，不可谓非先见之明也。即今日之所谓军政训政时期，与开明专制，究有何区别？人民之一切自由，又在何处？吾侪非政论家，固不欲多所论列，梁氏所指为民主专制，抑何其适合也！

五　结论

梁氏之学，虽早年受康有为之影响，而能融合中外，不偏执一见。康氏则一生提倡孔教，尽忠清室。梁氏则否，虽初亦鼓吹孔教，后见其不合潮流，则不复涉及。戊戌年间，虽与康氏同受清室知遇，而到日本以后，即鼓吹政治革命。其后更与康氏异趋。及护国之役，反对袁氏称帝之文电中，竟有"大言不惭之书生"之语，即暗指康氏而言。世人或讥其背师，然大节所关，梁氏亦不得不尔。晚年则不谈政治，专致力于学术上之供献，有足多者。惜彼自信可活八十岁，竟不永其年，否则学术上之成绩，决不止此，惜哉！

第二编　吸收外来思想之时期

第一章　严复

第一节　略传及著书

严复,字又陵,一字幾道,福建闽侯人。生于清咸丰三年（一八五三）。七岁,始就外傅。同治五年（一八六六）,沈宝桢为福建船政大臣,招考子弟,入马江学堂习海军。严复录取第一名。翌年,遂入堂肄业,时年仅十五岁也。十九岁（一八七一）卒业,考列最优等,派为上海建威帆船练习生。后服务于扬武军舰,巡历黄海及日本各口岸。曾至台湾,调查生番与日本渔船启衅情形。二十三岁（一八七五）,派赴英国肄业,入格林尼次海军大学。二十七岁,卒业归国。任船政学堂教员。光绪六年（一八八〇）,李鸿章经营北洋海军,调严复至天津,为水师学堂总教习。是时科举积习甚深,凡由学堂出身者,多为士大夫所鄙弃。复亦自以不得科举为遗憾,竭力攻求八股文,屡赴福建及顺天乡试,然皆不售。

光绪甲午(一八九四),中日之战,我国海陆军皆败。复深有鉴于我国之贫弱,其根本在于学术,乃专力从事于译述。先译成赫胥黎(T Huxley)之《天演论》(Evolution and Ethics)。我国人从未闻此等学说,是书之出,学者耳目一新。复又撰《原强》、《救亡决论》、《辟韩》诸文,载于天津之《直报》。厥后更译成亚丹·斯密(Adam Smith)之《原富》(An Enquiry into the Nature and Causes of the Wealth of Nations)及斯宾塞(Herbert Spencer)之《群学肄言》(Study of Sociology)。又在光绪二十三年(一八九七),与同志创办《国闻报》于天津。戊戌(一八九八)年,亦被荐入见。德宗问有新著述否?复以拟《上皇帝万言书》对;未及进而政变作,遂出都反津。《国闻报》亦停刊。更肆力译述,成穆勒·约翰(John Stuart Mill)之《群己权界论》(On Liberty)。

光绪二十六年,庚子(一九〇〇),义和拳乱作。复仓皇避难,由津至沪,开始译《穆勒名学》(J.S.Mill A System of Logic)。二十八年(一九〇二)京师大学堂开办,张伯熙为管学大臣,聘为编译局总纂。曾草一文,近五千言,具论中国教育方针,并条拟新教育行政办法。而甄克思之《社会通诠》(E.Jenks,History of Politics),亦于是时译成。光绪三十年,辞编译局事赴沪。厥后译成孟德斯鸠《法意》(Montesquieu,Espirites Lois)及耶芳思《名学浅说》(W.S.Jevons：Logic)。光绪三十四年(一九〇八),新设学部,应聘为审定名词馆总纂。在部三年,直至辛亥革命而止。

民国元年(一九一二),袁世凯为总统,聘为北京大学校长,未久,即辞职。自后年老多病。至民国九年(一九二〇),赴福建避冬,气喘时作。十年(一九二一),九月,殁于闽垣,年六十九岁。其生平除译书外,尝有手批之《老子》及《庄子》,《老子》已印行,《庄子》则未卒业也。

第二节　介绍之学说

严氏介绍西哲学说,于我国有重大之影响者,首推《天演论》。此论为十九世纪英国哲学家赫胥黎所作,《赫氏全集》有十二巨册,其第九册名《进化与伦理》,其中之《序论》、《本论》,即严氏所译之《天演论》也。此论译出以后,于是物竞天择优胜劣败等思想,深中于全国学人之脑海,至今犹为人人之口头禅,可见其影响之大矣。兹约举其说如下:

> 天运变矣,而有不变者行乎其中;不变惟何? 是名天演。以天演为体,而其用有二:曰物竞;曰天择;此万物莫不然,而于有生之类为尤著。物竞者,物争自存也;以一物与物物争,或存或亡,而其效归于天择。天择者,物争焉而独存,则其存也必有其所以存;必有其所得于天之分,自致一己之能,与其所遭值之时与地,及凡周身以外之物力,有其相谋相剂者焉;夫而后独免于亡,而足以自立也。而自其效观之,若是物特为天之所厚,而择焉以存也者,夫是之谓天择。(《天演论上·导言一》)

物竞天择之学说,创于英人达尔文。斯宾塞、赫胥黎等,亦主此说,而略有不同。斯宾塞主张任天为治,赫胥黎则主张以人力胜天。其言云：

> 今者欲治道之有功,非与天争胜焉,固不可也；法天行者非也,而避天行者亦非。夫曰与天争胜云者,非谓逆天拂性,而为不祥不顺者也；道在尽物之性,而知所以转害而为功。夫自不知者言之,则以藐尔之人,乃欲与造物争胜,欲取两间之所有,驯扰驾御之,以为吾利,其不自量力而可闵叹,孰逾此者？然溯太古以迄今兹,人治进程,皆以此所胜之多寡为殿最。百年来欧洲所以富强称最者,其故非他,其所胜天行而控制万物前民用者,方之五洲,与夫前古各国,最多故耳。以已事测将来,吾胜天为治之说,殆无以易也。(《天演论下·进化》)

其次为斯宾塞之《群学肄言》；严氏译出后,我国始知有所谓社会学,其影响亦至重大。斯宾塞亦英国人,与达尔文同时。其所著书,名《综合哲学》,共有十卷：一,《第一原理》；二,《生物学原理》；三,《心理学原理》；四,《社会学原理》；五,《伦理学原理》；其第四种,即严氏所译之《群学肄言》也。严氏生平,最佩服斯宾塞,称其书："精辟闳富,为欧洲自有生民以来,无此作也。"可见推崇之极。《群学肄言》自序中有云：

> 其书……饬戒学者,以诚意正心之不易；既已深切著明,而于操柄者一建白措注之间,辄为之穷事变,极末流,使功名之徒,失步变色,俛焉知格物致知之不容已。乃窃

念近者吾国以世变之殷，凡吾民前者所造之因，皆将于此食其报；而浅谞剽疾之士，不悟其从来如是之大且久也，辄攘臂疾走，谓以旦幕之更张，而以与胜我抗也；不能得，又搪撞号呼，欲率一世之人，与盲进以为破坏之事。顾破坏宜矣，而所建设者，又未必其果有合也；则何如稍审重而先咨于学之为愈乎！

严氏盖有鉴于我国少年新进之士，恃其一知半解，卤莽灭裂，妄思破坏，以为可立致国家于富强；故为斯言，实深中时弊。彼欲以学术救国之心，毕现于是书矣。

斯宾塞是生物学家，故以社会为有机体，与生物类似，乃生长而成，非人力所能旦夕造成。社会问题，如政治之得失，风俗之厚薄，其前因后果之复杂，极难推究，稍一不慎，则因果颠倒，违于真理，据此以处置事物，鲜有不败者。盖社会学，初非如理化学之因果历然，可由实验而得也。然世俗之人，往往不察，大瞋高谈，对于一切问题，轻下判断。殊不知意见有所偏，感情有所蔽，以及国界种界之桎梏，自身早已陷入于网罗之中，而未尝自觉，此至可叹也。严氏译此书，以《学诐》《国拘》《政惑》《教辟》为各篇标题，以明社会学之知识，而劝人去私戒偏，以求正当之路；不特反覆阐发斯氏之说，而于国人自私自利之习惯，亦痛下一针砭。

其次严氏所注意者为"名学"。"名学"在我国周末时代，发达极早；如荀子之《正名篇》、墨子之《经》上下、《经说》上下、《大取》《小取》诸篇，以及惠施、公孙龙之坚白同异论，皆与"名学"有相似之处。自汉以后，此学久已不传。于是学者治学方法,不能条分缕析,为有系统之撰述。自科举盛行,国人更以头脑笼统,为世诟病久矣。严氏之意,以为革新中国学术,莫要于输入"名学",可谓卓识。其翻译穆勒·约翰之《名学》,异常审慎。穆勒·约翰,英国人,为经验主义之哲学家。于论理学(名学)、经济学、伦理学,皆称大家。其论理承培根之思想,以经验为认识之源;归纳推理之学,至此大成。严氏竭毕生之精力,只译成半部。其《名学浅说》自序有云:"不佞于庚子辛丑壬寅间,曾译《名学》半部,经金粟斋刻于金陵,思欲赓续其后半,乃人事卒卒,又老来精神短,惮用脑力,而穆勒书深博广大,非澄思渺虑,无以将事,所以尚未逮也。戊申孟秋,浪迹津沽,有女学生旌德吕氏,谆求授以此学。因取耶芳思之浅说,排日译示讲解,经两月而成书";可见严氏介绍此学之苦心矣。穆勒著书中,尚有《自由论》一种,亦经严氏翻译,特避去自由之名词,而题为《群己权界论》。盖严氏最初亦附于革新派;自戊戌政变,经过挫折,又见激进少年之专事破坏;故其思想,乃偏于保守,即自由之名词,亦不欲援用之也。

此外严氏又译亚丹·斯密之《原富》,以介绍经济学;译孟德斯鸠《法意》,以介绍法律哲学;盖皆我国所需要之学说也。

严氏又以达尔文、斯宾塞、孟德斯鸠之学说,与老子多相通处,因批点老子而广其说,此则通东西学说之邮者也。

第三节　结论

自明末至清代,我国与西洋交通;最初输入者,为天文、历算之学;及鸦片战争失败以后,震于西洋之船坚炮利,深信西洋之艺术，越过我国；曾国藩创江南制造局于上海，聘请中外学者，广事翻译，大概皆物理、化学及军事、制造枪炮之书。当时国人一般思想，皆以为政治、伦理、财政等学问，我国早已完备，远过西洋，只取其艺术之长，补我之短，即足以富强；所以"中学为体，西学为用"之说，人人能道之，几于举国皆然。自严氏所译之书公世，方打破此迷梦，始知西洋尚有此等惊人之学术也。严氏译书时，所有术语，亦皆自造，往往为一名词，沉思至累日方得之，可见其难；因此彼所译之名词，有含义过深，不合于现在之用者。又严氏所译之书，多高深哲理，往往喜用我国古奥文辞，且有时将西方学说，牵附于我国之古义，致失原文本意者，亦不少。在当时一般学者，颇极欢迎，后来能读西文原书者日多，则颇讥斥严氏，故至今严氏之书，已不甚流行。严氏自谓翻译须信、雅、达三者兼备；以今观严氏所译，则雅字诚当之无愧，达字，信字，则稍有遗憾，此不能为严氏讳，然其荜路蓝缕之功，不可没也。

第二章　王国维

第一节　略传及著书

　　王国维,字静安,晚号观堂,浙江海宁人。生于清德宗三年（一八七七）。四岁丧母。七岁始就外傅。十余岁时,每晚自塾归,辄发家中藏书,独自泛览。十六岁补博士弟子。始读"四史",兼攻骈散文。十八岁,值中日战争后,始知世有新学。后罗振玉创农学社于上海,附设东方学社,聘日本人藤田丰八教授日文。国维时年二十二岁,往就学焉。并襄理社中庶务,得免学费,而致力于学。二十三岁,始从学社教师日人田冈佐代,治读英文。二十四岁,毕业于东方学社,仍努力治英文。二十五岁,留学日本,入东京物理学校,拟专修理科；既而苦几何学之难治,又病脚气；逾年即归。为罗振玉编译《农学报》及《教育世界》杂志,撰述益富。自此始治哲学,能读社会学、心理学、论理学、哲学等西文原书，参以日文译本，遂得贯通。偶有心得，撰述为文，发表于《教育世界》杂志。三十岁以后，厌倦哲学，而转治文学。三十五岁后，转而治古器物学。晚年，以治殷墟书契文，名重中外。后就清华学校研究院之聘。五十一岁时，以世变日亟，自投于颐和园之昆明池而死。(民国十六年，纪元一九二七。) 海内外学者，知与不知，皆为痛悼。其遗著凡四集。署曰《海宁王忠悫公遗书》。

第二节　性说

王氏之论性，以哲学的眼光，批评古来性善性恶之矛盾，颇为彻底；乃可使几千年来之聚讼，为之一息。其言云：

今孟子之言曰：人之性善；荀子之言曰：人之性恶；二者皆互相反对之说也。然皆持之而有故，言之而成理。然则吾人之于人性，固有不可知者在欤？孔子之所以罕言性与命者，固非无故欤？且于人性论中，不但得容反对之说而已，于一人之说中，亦不得不自相矛盾。孟子曰：人之性善，在求其放心而已；然使之放心者谁欤？荀子曰：人之性恶，其善者伪也；然所以能伪者何故欤？……今论人性者之反对矛盾如此，则性之为物，固不能不视为超乎吾人之知识外也。(《静庵文集·论性》)

王氏之意，以为吾人对于事物，果能确实知之，则如"二加二为四"；二点之间，只可引一直线，决不能容两相反对之议论,得以成立;故数学、物理学之所以为确实之知识者以此。若夫性则不然,反对矛盾之说,均得成立。且聚讼至数千年不决,故断定性为超出吾人知识以外,此自来论性者所未见及也。又云:

今夫吾人之所可得而知者,一先天的知识;一后天的知识也。先天的知识,如空间时间之形式,及悟性之范畴,此不待经验而生;后天的知识,乃经验上之所以教我者,凡一切可经验之物,皆是也。二者之知识,皆有确实性;但前者有普遍性,及必然性,后者则不然;然其确实,则无以异也。今试问性之为物,果得从先天中或后天中知之乎?先天中所能知者,知识之形式,而不及于知识之材质,而性固一知识之材质也。若谓于后天中知之,则所知者又非性,何则?吾人经验上所知之性,其受遗传与外部之影响者不少,则其非性之本来面目,固已久矣。故断言之曰:性之为物,超乎吾人之知识外也。(同上)

王氏是以知识论为立脚点,而断言性之为物,超乎吾人知识之外,固非如古来之论性者,全凭自己之主观,发为空泛之议论可比。既已超出吾人知识之外,则古来立论者,反对矛盾,自是必然的结果。故又云:

人性之超乎吾人之知识外,既如斯矣。于是欲论人性者,非驰于空想之域,势不得不从经验上推论之。经验上之所谓性,固非性之本然,苟执经验上之性以为性,则必先有善恶二元论起焉。何则？善恶之对立，吾人经验上之事实也；反对之事实，而非相对之事实也。……惟其为反对之事实，故善恶二者，不能由其一以说明之；故从经验上立论，不得盘旋于善恶二元论之胯下。然吾人之知识，必求其说明之统一，而决不以善恶二元论为满足也。于是性善论性恶论及超绝的一元论(即性无善无不善说)，接武而起。夫立于经验之上以言性，虽所论者非真性，然尚不至于矛盾也。至超乎经验以外，而求其说明之统一，则虽反对之说，吾人得持其一，不至自相矛盾不止。何则？超乎经验以外，吾人固有言论之自由；然至欲说明经验上之事实时，则又不得不自圆其说，而复反于二元论。故古今言性之自相矛盾，必然之理也。(同上)

王氏此说，可为揭破古来论性之病根。故治学者，不必再为此无谓之争执，人性论至此，乃可告一结束矣。故云：

善恶之相对立，吾人经验上之事实也。自生民以来，至于今，世界之事变，孰非此善恶二性之争斗乎！政治与道德，宗教与哲学，孰非由此而起乎！故世界之宗教，无不著二神之色彩；有爱而祀之者，有畏而祀之者，即善神与恶神是已。至文明国之宗教，于上帝之外，其不预想恶魔者殆稀也。……夫所谓上帝者，非吾人之善性之写象乎！所谓魔鬼者，非吾人恶性之小影乎！……夫岂独宗教而已，历史之所记述，诗人之所悲歌，又孰非此善恶二性之争斗乎！……吾人经验上，善恶二性对立如此。故由经验以推论人性者,虽不知与性果有当与否,尚不与经验相矛盾,故得而持其说也。超绝的一元论,亦务与经验上之事实相调和,故亦不见有显著之矛盾。至执性善性恶一元论者,当其就性言性时,以性为吾人不可经验之一物故,故皆得而持其说;然欲以之说明经验,或应用于修身之事业,则矛盾随之而起。故余表而出之,使后之学者,勿徒为此无益之议论也。(同上)

第三节　理说

王氏之解释理字,亦能揭破中外哲学家之理窟,而独标真谛。彼以为吾人对种种之事物,而发见其公共之处,遂抽象之而为一概念,又从而命之以名;用之既久,遂视此概念,为一特别之事物,而忘其所从出;如理字之概念,即其一例。吾国语中理字之意义之变化,与西洋理字之意义之变化,若出一辙。略述之如下:

《说文解字》第一篇:"理,治玉也。从玉,里声。"段玉裁注:"郑人谓玉之未理者为璞,是理为剖析也。"由此类推:凡种种分析作用,皆得谓之理;《中庸》所谓文理密察,即指此作用也。由此而分析作用之对象,即物之可分析而粲然有系统者,亦皆谓之理。《逸论语》曰:"孔子曰:美哉璠玙!远而望之,奂若也;近而视之,瑟若也;一则理胜,一则孚胜。"此从理之本义之动词,变而为名词者也。更推之而言他物,则曰地理(《易·系辞》),曰腠理(《韩非

子》),曰色理,曰蚕理,曰箴理(《荀子》),就一切物而言之曰
条理(《孟子》),然则理者,不过谓吾心分析之作用,及物之
可分析者而已矣。其在西洋各国语中,理字之义,自动词
变为名词,与我国大致相同。英语之理字,含有推理之能
力,同时又用为言语之义;德语之表理性字,含有听言语而
知其所传之思想之意;是可知西洋各国语,皆以思索之能
力,及言语之能力,即他动物之所无,而为人类所独有者,
谓之理性。而从吾人理性思索之径路,则下一判断,必不
可无其理由。于是各国语于理性之外,又有理由之意义。
吾国之理字,兼有理性与理由之二义。(同上《释理》)

　　王氏说明理字最初之意义,不过理性、理由二者,皆属主观
的性质;及沿用既久,乃由主观的而变为客观的;如宋儒以理
之渊源,存于万物;遂予理字以特别之意义。朱子谓"天地之
间,有理有气;理也者,形而上之道也,生物之本也;气也者,
形而下之器也,生物之具也;是以人物之生,必禀此理,然后有
性;必禀此气,然后有形"。又曰:"天以阴阳五行,化生万物,
气以成形,而理亦附焉。"于是对周子之太极,而予以内容曰:
"太极不过一理字。"万物之理,皆自此客观的大理而出;故物
物各有此理,而物物各异其用,莫非理之流行也。故朱子之所谓
理,正与希腊斯多噶派之所谓理相同;皆预想一客观的理,存于
生天生地生人以前,而吾心之理,不过其一部分而已。可见理字
意义之变化,古今中外,有同一之倾向也。
　　至问及理字何故发生如是变化? 王氏之说明,颇为确
当。彼谓吾人之知识,分为两种:一直观的知识,一概念的知

识。直观的知识，自吾人之感性及悟性得之；而概念之知识，则由理性得之。直观的知识，人与动物共之；概念的知识，则唯人类所独有；人类既享有动物所不能之利益，亦能陷于动物所不有之谬误。夫动物所知者，个物耳；就个物之观念，但有全偏明昧之别，而无正误之别。人则以有概念故，从此犬彼马之个物观念中，抽象之而得动物之观念；更合之植物、矿物而得物之观念；夫所说物，皆有形质可衡量者也。而此外尚有不可衡量之精神作用，而人之抽象力，进行不已，必求一语以赅括之；无以名之，强名之曰"有"。所谓物者，非实物也，概念而已矣。所谓有者，非离心与物之外，别有一物也，概念而已矣。然如物之概念，究竟离实物不远者，其生误解也不多；至最普遍之概念之"有"字，其初固亦自实物抽象而得，逮用之既久，遂忘其所自出，而视为表示特别之一物。古今中外之哲学家，往往以"有"字为有一种实在性；在中国则曰"太极"，曰"玄"，曰"道"；在西洋则谓之"神"。及传衍既久，遂以为一种自证之事物，而若无待根究者。人而不求真理则已，若果欲求真理，则此等谬误，不可不深察而辩明之也。理之概念，亦无以异此。其在中国，初不过谓物之可分析而有系统者，辗转相借，遂成朱子之理即太极说。其在西洋，本不过理由、理性二说，辗转相借，前者衍为斯多噶派之宇宙大理说；后者衍为康德以降之超感情的理性说。其去理之本义，固已远矣。此无他，以理之一语，为不能直观之概念，故种种谬误，得附此而生也。（同上）

第四节　介绍之学说

王氏与严复,同时介绍西洋学说于中国：严氏所介绍者,为英国哲学；王氏所介绍者,乃德国哲学；此其不同者也。王氏于其《静庵文集》自序云：

> 余之研究哲学,始于辛壬之间(一九〇一——一九〇二),癸卯春,始读汗德(即康德)之《纯理批评》,苦其不可解,读几半而辍；嗣读叔本华之书,而大好之；自癸卯之夏,以至甲辰之冬,皆与叔本华之书为伴侣之时代也。其所惬心者,则在叔本华之《知识论》；汗德之说,得因之以上窥。然于其人生哲学,观其观察之精锐,与议论之犀利,亦未尝不心怡神释也。后渐觉其有矛盾之处。……旋悟叔氏之说,半出于其主观的气质,而无关于客观的知识,此意于《叔本华及尼采》一文中,始畅发之。今岁之春(一九〇五年乙巳),复返而读汗德之书,嗣今以后,将以数年之力,研究汗德,他日稍有所进,取前说而读之,亦一快也。

是知王氏介绍德国哲学,颇拟集中精力于汗德之书；初读不解,始先治叔本华之学,以期借径而通汗德。其治汗德之学,辍而复作者凡四次；乃倦于哲学而转治文学。曾草《三十自序》一文,历述其倦于哲学之故云：

> 至于今年,于汗德哲学,从事第四次之研究,则窒碍更少；而觉其窒碍之处,大抵其说之不可恃者也。此则当日

志学之初所不及料，而在今日，亦得以自慰者也。

又云：

余疲于哲学有日矣；哲学上之说，大都可爱者不可信，而可信者不可爱。余知其理，而余又爱其误谬伟大之形而上学，高严之论理学，与纯粹之美学，此吾人所酷嗜也。然求可信者，则宁在知识论上之《实证论》，论理学上之《快乐论》，与美学上之《经验论》。知其可信而不能爱，觉其可爱而不能信，此近二三年中最大之烦闷也。而近日之嗜好，所以渐由哲学而移于文学，而欲于其中求直接之慰藉者也。

又云：

以余之力，加之以学问，以研究哲学史，或可操成功之券。然为哲学家不能，为哲学史家则又不愿，此亦疲于哲学之原因也。

是知王氏因对于哲学，不无怀疑，乃舍之而治文学；晚年乃复以考古学著名。于介绍哲学之工作，未有结果。夫汗德为德国之大哲学家，国人闻其名多知之，而于其学说，则仅见一鳞一爪，无有能窥其全豹者。王氏之介绍不能成功，固可惜；而王氏以后，至今未有人能尽此介绍之任者，国人学术思想之贫弱，可见一斑矣。

王氏所介绍者,为叔本华与尼采二人之学说。而于叔本华较详,于尼采则较略。其述叔本华之哲学云:

汗德以前之哲学家,除其最少数外,就知识之本质问题,皆奉素朴实在论。即视外物为先知识而存在,而知识由经验外物而起者也。……汗德独谓吾人知物时,必于空间及时间中,而由因果性整理之。然空间时间者,吾人感性之形式;而因果性者,吾人悟性之形式;此数者皆不待经验而存,而构成吾人之经验者也。故经验之世界,乃外物之入于吾人感性悟性之形式中者,与物之自身异。物之自身,虽可得而思之,终不可得而知之,故吾人之所知者,惟现象而已。叔本华于知识论上,奉汗德之说曰:世界者,吾人之观念也;一切万物,皆由充足理由之原理决定之;而此原理,吾人知力之形式也。物之为吾人所知者,不得不入此形式;故吾人所知之物,决非物之自身,而但现象而已;易言以明之:吾人之观念而已。然则物之自身,吾人终不得而知之乎?曰,否,他物则吾不可知,若我之为我,则为物之自身之一部,昭昭明矣。而我之为我,其现于直观中,则块然空间及时间中之一物,与万物无异。然其现于返观时,则吾人谓之意志而不疑也。而吾人返观时,无知力之形式,行乎其间,故返观时之我,我之自身也。然则我之自身,意志也。而意志与身体,吾人实视为一物;故身体者,可谓意志之客观化,即意志之入于知力之形式中者也。吾人观我时,得由此二方面;而观物时,只由一方面,即惟由知力之形式中观之;故物之自身,遂不得而知。

然由观我之例推之，则一切物之自身，皆意志也。(《静庵文集·叔本华之哲学及其教育学说》)

于此可见叔本华之知识论，与汗德不同之处。汗德谓经验的世界，有超绝的观念性，与经验的实在性。叔氏则一转其说，谓一切事物，有经验的观念性，超绝的实在性。故其知识论，自一方面观之，则为观念；自他方面观之，则又为实在论；而与昔之素朴实在论，则迥然不同。

叔氏之知识论，既侧重意志，于是对于形而上学，及心理学，改变古来之主知论，而倡为主意论。盖彼既由吾人之自觉，而发见意志为吾人之本质，因之以推论世界万物之本质，自是当然之结果。其言云：

> 吾人苟旷观生物界，与吾人精神发达之次序，则意志为精神中之第一原质，而知力为其第二原质，自不难知也。……就实际言之，则知识者，实生于意志之需要；一切生物，其阶级愈高，其需要亦愈增；而其所需要之物，亦愈精而愈不易得；而其知力，亦不得不应之而愈发达。故知力者，意志之奴隶也；由意志生，而还为意志用者也。……至天才出，而知力遂不复为意志之奴隶，而为独立之作用。然人之知力之所由发达，由于需要之增，与他动物固无以异也。则主知说之心理学，不足以持其说，不待论也。心理学然，形而上学亦然。(同上)

王氏谓叔本华之说出，而形而上学、心理学渐有趋于主意

论之势,大有造于斯二学,其言诚然。叔本华更由形而上学,进说美学。其言云:

> 夫吾人之本质,既为意志矣。而意志之所以为意志,有一大特质焉,曰:生活之欲。何则?生活者非他,不过自吾人之知识中所观之意志也。吾人之本质,既为生活之欲矣;故保存生活之事,为人生惟一大事业。……向之图个人之生活者,更进而图种姓之生活。……于是满足与空乏,希望与恐怖,数者如环无端,而不知其所终。……然则此利害之念,竟无时或息欤?吾人于此桎梏之世界中,竟不获一时救济欤?曰:有。惟美之为物,不与吾人之利害相关系,而吾人之观美时,亦不知有一己之利害。……若不视此物为与我有利害之关系,而但观其物,则此物已非特别之物,而代表其物之全种,叔氏谓之曰实念;故美之知识,实念之知识也。而美之中,又有优美与壮美之别:……此二者之感吾人也,因人而不同;其知力弥高,其感之也弥深;独天才者,由其知力之伟大,而全离意志之关系,故其观物也,视他人为深;而其创作之也,与自然为一;故美者,实可为天才之特许物也。若夫终身局于利害之桎梏之中,而不知美之为何物者,则滔滔皆是。且美之对吾人也,仅一时之救济,而非永远之救济,此其论理上之拒绝意志之说,所以不得已也。(同上)

叔氏于论理学上拒绝意志之说,究如何立脚? 王氏以为叔氏之论理学,可从其形而上学进窥之。其言云:

从叔氏之形而上学，则人类于万物，同一意志之发现也。其所以视吾人为一个人，而与他人物相区别者，实由知力之蔽。夫吾人之知力，既以空间时间为其形式矣，故凡现于知力中者，不得不复杂；既复杂矣，不得不分彼我；然就实际言之，实同一意志之客观化也。……故空间时间二者……个物化之原理也。自此原理，而人之视他人及物也，常若与我无毫发之关系。……若一旦超越此个物化之原理，而认人与己皆此同一之意志，知己所弗欲者，人亦弗欲之。各主张其生活之欲，而不相侵害；于是有正义之德。更进而以他人之快乐，为己之快乐；他人之苦痛，为己之苦痛；于是有博爱之德。于正义之德中，己之生活之欲，已加以限制；至博爱，则其限制又加甚焉。故善恶之别，全视拒绝生活之欲之程度以为断。其但主张自己之生活之欲，而拒绝他人生活之欲者，是为过与恶。主张自己，亦不拒绝他人者，谓之正义。稍拒绝自己之欲，以主张他人者，谓之博爱。然世界之根本，以存于生活之欲之故，故以苦痛与罪恶充之。而在主张生活之欲以上者，无往而非罪恶。故最高之善，存于灭绝自己生活之欲；且使一切物皆灭绝此欲，而同入于涅槃之境。此叔氏论理学上最高之理想也。（同上）

王氏以为叔氏在哲学上之位置，在古代可比于希腊之柏拉图；在近世可比于德意志之汗德。然柏拉图之说真理，犹被以神话之面具，而叔氏则否；汗德之知识论，仅为破坏的，而叔氏则为建设的。且自叔氏以降之哲学家，罔不受叔氏学说之影响。王氏之推崇叔氏，可谓至矣。其对于叔氏学说之研究，十分透彻，故介绍亦颇得要领。

十九世纪德意志之哲学界，有二大伟人焉：曰叔本华；曰尼采。王氏于介绍叔本华学说之后，又介绍尼采之学说。尼采之学，出于叔氏，其初极端崇拜之，其后乃极端与之反对。王氏作《叔本华与尼采》一文（见《静庵文集》），比较二人之说，以明其所以反对之理由。其言云："二人以意志为人性之根本也同；然一则以意志之灭绝，为其论理学上之理想，由意志同一之假说，而唱绝对之博爱主义；一则反之，而唱绝对之个人主义。……尼采之学说，全本于叔氏，其后虽若与叔氏反对，要不外以叔氏之美学上之天才论，应用于论理学而已。"此则王氏能深窥二人之学说，得到最确之评论也。

尼采之论理学，出于叔氏，而独趋于反对之方面。盖尼采亦以意志为人之本质，而于叔氏之意志灭绝说，则不以为然；谓欲灭绝此意志者，亦一意志也，故不满其说。而于叔氏之美学中，则发见其可模仿之点，即取其天才论与知力之贵族主义，为其超人说之根据。是则尼氏之说，乃彻头彻尾发展其美学上之见解，而应用于论理学者也。叔氏谓吾人之知识，无不从充足理由之原则者，独美术之知识则不然。其言曰："美术者，离充足原理之原则，而观物之道也。……天才之方法也。"……尼采乃推之于实践上，而以为道德律之于个人，与充足原理之于天才，一也。……由叔本华之说，最大之知识，在超绝知识之法则；由尼采之说，最大之道德，在超绝道德之法则。……于是由知之无限制说，转而唱意之无限制说。……至说超人与众生之别，君主道德与奴隶道德之别。……叔氏谓知力上之阶级，惟由道德联结之；尼氏则谓此阶级，于知力道德，皆绝对的不可调和。此其见解虽不同，而应用叔氏美学之说于论理上，则昭然可睹也。

叔本华与尼采二人，性行相似，知力之伟大相似，意志之强烈亦相似。其在叔本华则曰：

> 世界者，吾人之观念也。于本体之方面，则曰：世界万物，其本体皆与吾人之意志同；而吾人与世界万物，皆同一意志之发现也。自他方面观之：世界万物之意志，皆吾之意志也。于是我所有之世界，自现象之方面，而扩于本体之方面；而世界之在我，自知力之方面，而扩之于意志之方面。然彼独以今日之世界为不满足，更进而求最完全之世界，故其说虽以灭绝意志为归……非真欲灭绝也，不满足于今日之世界而已。……彼之形而上学之需要在此；终身之慰藉亦在此。……若夫尼采，以奉实证哲学故，不满于形而上学之空想；而其势力炎炎之欲，失之于彼岸者，欲恢复之于此岸；失之于精神者，欲恢复之于物质。……彼效叔本华之天才，而说超人；效叔本华之放弃充足理由之原则，而放弃道德；高视阔步，而恣其意志之游戏；宇宙之内，有知意之优于彼，或足以束缚彼之知意者，彼之所不喜也。故彼二人者，其执无神论，同也；其唱意志自由论，同也。……其所趋虽殊，而性质则一。彼等之所以为此说者，无他，亦聊以自慰而已。

王氏介绍尼采之学说，不及其说叔本华之详。至民国九年,《民铎》杂志第二卷之《尼采号》出版,其中有《尼采传》及其一生之思想,叙述乃比较详备。

第五节　结论

王氏于举国未曾注意德意志哲学之时,独能首先为之介绍。虽未克终其业,然其功亦不可没也。王氏自言疲于哲学,渐移其兴趣于文学;而以我国文学之最不振者,莫若戏曲,思有以董理之,于是有《戏曲考源》、《唐宋大曲考》、《曲调源流考》之作。及殷墟文出土,王氏又转其方向于考古学;于龟契之文,凿空创通,为之笺释,卓然大成。清代考证学之途穷,一转另辟一新天地,蔚为考古学,实王氏为之枢纽也。